电子商务：
大数据时代下的重构与创新

张 云 著

延邊大學出版社

图书在版编目（CIP）数据

电子商务 ： 大数据时代下的重构与创新 / 张云
著 . -- 延吉 ： 延边大学出版社, 2021.11
ISBN 978-7-230-02353-5

Ⅰ. ①电… Ⅱ. ①张… Ⅲ. ①电子商务 Ⅳ. ①F713.36

中国版本图书馆CIP数据核字(2021)第224593号

电子商务 ： 大数据时代下的重构与创新

著　　者：张　云
责任编辑：具红光
封面设计：王　朋
出版发行：延边大学出版社
社　　址：吉林省延吉市公园路977号　　邮编：133002
网　　址：http://www.ydcbs.com
E-mail:ydcbs@ydcbs.com
电　　话：0433-2732435　　传真：0433-2732434
发行部电话：0433-2733056
印　　刷：北京市迪鑫印刷厂
开　　本：787毫米×1092 毫米　1/16
印　　张：8.75
字　　数：197千字
版　　次：2022年3月第1版
印　　次：2022年3月第1次印刷
ISBN 978-7-230-02353-5

定价：58.00元

前　言

大型电子商务企业的运营状态已经非常平稳，并且这些企业占据电商平台的大部分市场份额，对于一些小的电商企业而言，企业的运营状态要发展得越来越好，就必须关注细节，做到商品精细化，这样才能够在竞争激烈的市场环境下生存下来。企业要根据客户的潜在需求，设计出适合的产品并提供优质的服务。企业只有掌握最新的客户数据，并结合市场数据进行分析，才能够得到更加准确的信息。企业依据这些信息发挥自身的优势，从而创新企业的运用模式，提升企业的经济效益。

随着物联网、云计算、5G 等技术的涌现，互联网数据规模呈几何式增长，大数据技术是针对处理这种大规模、结构复杂数据提出的，它势必为数字经济发展提供新动力。高等院校作为大数据人才培养主要机构，在把握新的发展机遇的同时，也迎来了新的挑战，其主挑战要表现在：缺乏大数据的获取渠道；缺乏成熟的大数据人才培养方案，特别是缺少在大数据人才思维训练方面的经验；缺乏专业的大数据技术师资。

作为电子商务高校数据科学与大数据专业的教育工作者，应培养出既能掌握数据科学与数据工程技术的应用人才，又在相关应用领域具有较强沟通和理解能力的人才。因此，我们要不断地探索和创新大数据人才应用能力的培养模式，培养出受时代和市场欢迎的人才。

目 录

第一章　大数据技术概述

第一节　大数据技术初探

随着科技发展和时代进步，大数据技术应运而生，并在不断地改变着人们的生活方式。大数据技术渗透到社会生活的各方面，要深入挖掘这些数据，分析数据的规律和特点，不断挖掘其中的价值和意义。本节将从大数据的特点、应用领域和发展趋势等几个方面对大数据技术进行分析探讨，希望能理性认识大数据的利弊，充分利用大数据技术带给人们的机遇，真正发挥大数据技术的优势。

大数据技术不仅可以全面地掌握某一领域或行业的数据，还能进行实时存储管理并实现数据本身的分类展示，进而及时地获取更有价值和意义的数据。大数据技术主要通过对数据的研究获取其独特的规律和特点，实现有意义的挖掘和分析，从而全面地、系统地获取数据的核心价值。

一、大数据技术的特点

（一）大数据的特点

大数据分析的数据类型不再仅仅是纯粹结构化数据、数值型数据，还包括医疗数据、物联网数据、电商数据和轨迹数据等。而且随着研究的深入，目前大数据分析的更多的是异构数据和不规则数据，这些数据具有数据维度高、数据量大、数据分散等特点。进行数据分析之前需要进行数据的预处理操作，对数据进行提纯和特征提取，这时数据处理速度较快，对静态和动态数据处理的速度和效率要求较高。只有真实完整的数据才能使得后续大数据的分析、管理和预测等一系列活动有价值和意义。

（二）广泛的开源软件

随着互联网信息的共享，信息技术的快速发展，数据源越来越多，数据传播更快速。社会生活的各个方面都在应用大数据技术，而且每个行业都朝着大数据智能化应用、科技化方向发展。由此，很多开源软件被大家广泛使用，像深度学习框架、Hadoop、Mapreduce、HBase、MongoDB 数据库和 Flask 等各具特色与功能的软件都在被广泛使用，其中一些在被不断优化与创新，不断提升使用效率和应用范围。

（三）人工智能技术

大数据技术不断引进人工智能技术，通过机器学习、深度学习、区块链、数据挖掘、模式识别等人工智能技术处理和使用大数据，从巨大的数据资源中获取有价值的数据，并对其进行分析处理，实现数据的更大价值。在这个数据信息时代，人们每天都要接触数据甚至产生数据，因此更智能地获取数据、实时存储数据显得更加重要。只有更有效地管理和处理数据、对如数据的可视化展示等与人们有重大的关系的问题进行分析，才能实现人工智能技术的最大化价值。

二、大数据应用领域

大数据技术从出现，到现在被各行各业广泛使用，无论是政府部门还是企事业单位，大数据都在产生巨大的价值。将广泛的数据汇集到一起，经过数据预处理、智能分析、数据挖掘、深度学习技术等分析出数据的潜在规律，有助于人们深入认识行业的数据特点、发展趋势以及提高领域的运行管理效率，从而取得更大的效益。

（一）智能商业

商业智能化是商业领域最感兴趣的研究内容，也是大数据应用最广泛的领域。商业数据量大，且数据源丰富，非常适合进行大数据分析，如阿里巴巴集团的电商平台，通过对平台上的数据信息进行顾客画像分析，了解不同顾客的需求，从而对不同的顾客进行特定商品的推荐，吸引顾客对商品的购买兴趣，在一定程度上加大了顾客的购买欲望，提升了店铺的销售量。

（二）智慧医疗

医疗领域是人们生活不可或缺的一部分。医疗行业信息巨大，数据种类多，随着大数据在医疗行业的广泛应用和不断扩展，相信能给医疗行业带来更大的价值和意义。

例如，统计糖尿病患者的数据，通过大数据技术分析其共性，分析患病者的特点，一方面可以提醒人们要从哪些方面加强预防，另一方面可以预测哪些特征的人更容易患上该疾病，使预防更有针对性。

（三）智慧城市

智慧城市的理念随着大数据技术的广泛应用而得以发展和完善。人们利用大数据技术，实时获取监控的视频数据、人们的出行轨迹数据和城市的交通数据等，并进行快速处理，将整个城市的行为融为一体，快速掌握当前城市的状态，这样大数据技术对处理城市突发状况、合理规划和管理城市就发挥了极大的作用。

三、大数据技术发展趋势

（一）人工智能技术的结合

大数据分析的目的不是过去的对数据的简单统计分析，而是合理利用并挖掘出大数据中的信息，是从大数据中获取更深层次的含义与价值。要达到这一目标，需要提高计算机的智能计算能力。近年来由于计算机硬件性能的快速提升，且以云计算、大数据为代表的计算技术的快速发展，信息处理的速度和质量大为提高，计算机能够快速、并行地处理海量数据。

（二）基于大数据技术的多学科融合

大数据时代的社会进程中，许多行业和学科的研究内容从表面上看毫无关联，但是从数据研究的深层视角来分析，其实是有所联系。未来大数据技术将与区块链技术、物联网技术、云计算等热点技术领域相互交叉，相互融合，产生更多融合不同行业、不同领域数据的综合性应用。

（三）大数据安全管理

大数据及其相关重要资源涉及范围广，覆盖面大，且针对的对象可能涉及国家主权问题或行业的机密，因此如何保护大数据资源的安全，以及如何保护用户的隐私就成为一个社会关注的热点问题。但大数据应用相关的隐私保护问题以及管理办法还没有实质性的进展和突破。因此，未来大数据安全和隐私保护问题依然是学术界和行业的研究热点。

（四）大数据技术人才培养

大数据技术发展迅速，其在互联网行业的应用需求也在快速增长，目前大数据技术领域的高精尖人才短缺严重。因此，有关单位应积极推进科学文化建设，推动学科的交叉学习，对数据分析型技术人才进行全面培养，使得大数据学科体系建设和人才培养能与市场的需求相匹配，以推动大数据技术迅速发展，推动行业更好、更快发展。

大数据技术仍然在发展，并在潜移默化地改变着人们的生活节奏和整个社会的发展方向，我们要合理使用大数据技术平台，造福于人类的生活。

第二节　大数据技术的诠释学

诠释学就是要通过对文本的理解和解释，呈现文本的意义，表达文本的精神，达到应用的目的。在大数据技术的诠释中，海量数据是作为待诠释的数据文本形式存在的。数据文本自身不具有内在的结构，是一种非结构化的存在，只有在大数据技术诠释中，数据文本给定的诸事实与外在于数据文本的事实之间才能建立起一种结构性关系，这体现了数据文本的非结构化的结构性特征。在大数据技术诠释中，数据只是给定的事实，数据文本本身不具有意义。只有在大数据技术诠释中，经过描述型分析—诊断型分析—预测型分析—指令型分析这样一条完整的诠释径路，海量数据才能被理解，数据文本的意义才得到实现，大数据技术的应用才成为可能。大数据技术诠释对数据文本的诠释是关系性的，也就是说，在大数据技术诠释中，我们对大数据文本所做的是关系诠释。在大数据技术诠释从描述型分析到诊断型分析再到预测型分析最后到指令型分析的每一次过渡中，关系都被显现和确立了起来。

大数据技术的“是之所是”，即大数据技术的本体是关系，但是作为大数据技术“是之所是”的关系隐匿在海量数据之中，只有将海量数据作为大数据文本对其进行诠释，大数据技术的本体——关系——才会显现。

一、诠释学的基本内涵

要对大数据技术进行诠释学的分析，首先要理解诠释学这一基本概念。从词源学上看，诠释学（Hermeneutics）一词的动词形式为 hermeneuein，其古希腊文为陈述思想，含有宣告、口译、阐明和解释的意思。Hermeneuein 一词的词根为 Hermes（赫尔墨斯），而 Hermes 是希腊神话中负责向人间宣告、传达、阐明、转译和解释众神信息和意志的信使，因此诠释就是宣告、传达、阐明、转译和解释的意思。诠释学，按照伽达默尔的观点，就是宣告、传达、阐明、转译和解释的技术。从语言学的视角看，诠释学这一语词源于柏拉图，他把诠释学与占卜术归属为同一类，将其作为一种解释众神旨意的技术。亚里士多德在其《诠释篇》中沿用了诠释学一词，他对诠释学的理解和使用均是语言学意义上的，这与柏拉图显然不同。后希腊时期，诠释一词有“有学识的解释”的含义，但这种“有学识的解释”是与圣经注释联系在一起的。现代意义上的诠释学概念则是由笛卡儿首先提出来的。1654 年，丹恩豪尔发表了《圣经诠释学或圣经文献学解释方法》一书，此后人们才对神学诠释学和法学诠释学进行了区分。

目前所说的大数据技术的诠释学分析中的诠释学既不是神学诠释学，也不是法学诠释学，而是哲学诠释学。哲学诠释学奠基于海德格尔构建的存在本体论，其核心要义是理解要基于人类存在的本体特征。伽达默尔对其进行了发挥、发展和完善，并由此建立起了一整套关于理解和解释的理论体系。伽达默尔认为哲学诠释学的本质是人们对文本的理解和解释是在“偏见”这一客观存在情况下的“视域融合”过程，他认为理解不仅要在视域融合中发生和进行，而且由于任何思想观念的表达都离不开语言，因此理解还跟语言密切联系在一起。

无论神学诠释学、法学诠释学抑或是哲学诠释学，都是要通过对文本的理解和解释，理解文字的意义，解释文字的精神，获得实际的应用。理解文本、解释精神、获得意义、得到应用，这是诠释学的一些基本要素。大数据技术的诠释学分析就是在诠释学的这些基本要素中展开的。

二、作为诠释文本的数据

现代哲学诠释学的三个基本要素是文本、作者和阅读者，浪漫主义诠释学派的阿斯特将文字、意义和精神看作是诠释的三个要素，他同时又认为诠释学的这三个要素是统一于被诠释、被理解的文本之中的。由此可见，文本才是诠释和理解的核心要素，也理所当然的是诠释和理解面对的对象。那么，在大数据技术中，数据是如何作为被诠释、被理解的文本而存在的呢?

在传统的数据分析中，数据作为样本而存在。如在人口新常态背景下，人们要对农村进城务工的家政女工的生存和发展状况展开分析和研究，通常的做法是选择几个典型性区域进行数据调查，以此为样本对调查数据开展样本分析和研究。在诠释学语境中，作为典型性代表的数据样本就是要诠释的文本，对作为样本的数据进行分析的过程实际上就是对数据文本的诠释过程。

但是我们可以看到，在传统的样本数据文本中，数据文本作为单一的要素而存在。如人口新常态背景下农村进城务工的家政女工生存和发展状况的数据样本，由于要素的单一性，其数据只有一种用途。也就是说，其数据文本的意义是确定的，目标是单一的。由此可见，在传统的数据分析中，作为样本的数据文本在要素、结构和功能上都是单一的、确定的，从总体上来看它们是一种一一对应的相关关系。因此，在这种目标确定且要素、结构和功能处于一种一一对应的相关关系的数据文本中，数据与其说是作为文本被诠释而获得理解和意义，不如说在其中，数据样本是作为论据对观点进行论证、解释和说明的。这样，本身作为待诠释的对象文本却成为了解释他者的手段或工具，数据的文本意义也就在解释他者中丧失了其作为诠释文本的本来含义。

只有进入大数据时代，大数据的文本含义才可能真实地显露出来。在大数据技术的广泛应用中，海量数据——大数据——是作为真实本己的诠释文本而存在的。

舍恩伯格和库克耶认为，大数据时代，我们需要的不是随机的样本，而是所有的数据。

“样本＝总体”，这就是大数据时代诠释文本的存在样态。有人或许要问，为什么作为总体的数据就是待被诠释的文本？舍恩伯格和库克耶在《大数据时代》中举了案例——日本先进工业技术研究所的坐姿研究与汽车防盗系统。在这个案例中，研究者把人坐着的时候的身形、姿势和重量分布进行量化和数据化，所形成的海量数据就是作为有待被诠释的文本而存在的。人坐着的时候的身形、姿势和重量分布量化和数据化后所生成的海量数据，从表面上看来就是一堆混杂而又无意义的数据，但是只要将其作为文本，对其可能存在的与诸事实的关系建立起某种联系，就有可能理解它，并且使它的意义得到呈现。事实上也正是如此，通过对这一海量数据文本的诠释，可以解读出一个人的坐姿和身份识别、安全驾驶、汽车防盗、盗车案侦破之间的关系，从而呈现海量数据的文本意义。

那么，作为诠释文本的数据又是以一种什么样的方式存在的呢？

《大数据时代》的作者认为，在大数据时代，人们不必非得知道现象背后的原因，而是要让数据自己“发声”。这话无非就是说，进入大数据时代，人们关注的焦点不再是现象背后的因果性，而是诸事实间的相关关系。为什么不关注因果性转而重视数据给定的诸事实间的相关关系呢？有学者认为其中一个重要的原因就是海量数据的非结构化特征导致人们很难（也没有太大的必要）去探究数据给定的诸事实背后的因果关系，因此只要弄清楚数据给定的诸事实间的相关关系就足够了。

与经典的具有物理实在的技术不同，在大数据技术中，大数据的结构可以说正是以其非结构性的特点表现出来的。在经典的具有物理实在的技术中，技术人工物作为一个具有整体性的系统通常总是包含要素、结构和功能这三个组成部分，并且技术人工物的构成要素只要按照一定的结构构成之后，其必然呈现一定的功能，虽然要素、结构、功能之间并非总是一一对应的线性相关关系，但不可否认的是，这种经典的具有物理实在性特征的技术人工物通常总是结构性的技术实在。但是在大数据技术中，大数据作为诠释文本的结构却呈现出非结构性的特征。首先要承认的是，从逻辑上看，大数据作为诠释文本具有内在的结构——正是因其内在的结构，使得人们对大数据的文本诠释成为可能。比如在日本先进工业技术研究所的坐姿研究与汽车防盗系统这一案例中，人坐着的时候的身形、姿势和重量分布量化和数据化之后形成的海量数据，其内蕴的结构就是人坐着的时候的身形、姿势和重量分布之间的关系：不同的身形，差异化的坐姿，其重量分布也就迥然不同。由此，才能得到量化和数据化后千差万别的海量数据。但是，大数据作为诠释文本又具有非结构性特征，笔者认为，这种结构化的诠释文本数据的非结构性特征就表现在：人们可以对其进行不同领域、不同用途的功能性、意义性诠释——既可以将这些数据文本与人的身份识别相关联，又可以将这些海量数据与安全驾驶相关联，还可以将这些数据文本与汽车防盗相关联。这样，海量的总体数据作为诠释文本其特定的数据结构就对应着不同的意义或功能。换句话说，海量的数据诠释文本与意义或功能之间并非一一对应的线性相关关系，这就是作为诠释文本的大数据非结构化的结构性特征。

三、对数据文本的技术诠释

大数据作为文本与一般的文字文本不同：文字文本的意义在字里行间之中，而大数据文本的意义隐藏在数据给定的诸事实及其关系之中；文字文本容量较小，大数据文本的容量巨大；文字文本有着很强的文本结构，大数据文本则具有非结构化的结构性特征。大数据文本与文字文本的这种差异性特征使得人们对其进行诠释时也就必然会采取不同的工具、手段、方式和方法。通常对于文字文本，每个人都可以直接进行诠释，也可以运用计算机软件进行文本诠释分析。但是对于大数据文本，人们却只能运用计算机软件进行专门的诠释分析，以彰显大数据文本的意义，实现对大数据文本的理解和应用。把传统的统计数据分析与大数据诠释进行一番比较，在这种比较分析中，人们可以弄清楚大数据作为诠释文本是如何被大数据技术诠释其意义的。

先了解一下传统的统计数据分析是如何进行的。

传统统计数据的获得总是针对特定的目的或目标而进行的。如前文所述，我们要对人口新常态背景下农村进城务工的家政女工的生存和发展状况进行分析和研究，为了获得数据作为论据以支撑论文的论述和论证，只需要选取几个具有典型性代表的区域开展问卷调查，就可以获得样本数据。如选取北京、广州、武汉、西安等几个城市中来自农村的家政女工为样本，对这几个地区来自农村的家政女工的生存和发展状况进行分析和研究，将分析结果和研究结论进行一般性的拓展和延伸，就可以推及我国在人口新常态背景下全国农村进城务工的家政女工生存和发展的普遍状况。通过知道年龄、婚育状况、受教育水平等与农村进城务工的家政女工的生存和发展状况之间存在什么样的关系，人们就能对她们的相应指标进行调查，然后对统计数据进行相应的分析。

传统统计数据的分析方法种类繁多但也相对简单，如描述性统计、回归分析、方差分析和假设检验等。其中，描述性统计是一类统计方法的汇总，揭示了数据分布的特性。回归分析是应用极其广泛的数据分析方法之一，它基于观测数据建立变量间适当的依赖关系，以分析数据内在规律。方差分析也是传统统计数据常用的重要分析工具，主要应用于相互独立的随机样本、各样本来自正态分布总体和各总体方差相等等情况。假设检验也是一种重要的统计数据分析方法。运用上述统计数据分析方法，对目标函项进行分析、解释和说明，因此传统统计数据分析不是彰显意义，而是理解、解释和说明意义。

对于大数据文本的诠释则与传统统计数据的分析根本不同。大数据文本是总体的海量数据，其获得一般是通过智能终端设备的数据采集功能。智能终端设备既不是在特定的时间范围内也不是在特定的空间场所对特定的人群进行数据采集，它是在全时空境遇中对所有正在智能终端设备上进行同一模式操作的客户端上的数据进行采集，或者是在全时空境遇中对在智能终端设备进行了操作的客户端上的所有数据进行采集，或者是在全时空境遇下对所有的智能终端设备开展数据收集。通过这样的方式从智能终端设备上获得的数据容量巨大，用传统的硬件工具无法存储，用传统的软件工具也无法处理。从智能终端设备上获得的海量数据，又具有多样性和多变化性的特点，数据总体呈现混杂性的基本特征，并且就海量数据本身而言，由于其价值密度低，数据之间很难建立起结构性联结，因此大数据才会被人称之为非结构化的数据。非结构化的海量数据就其自身而言只是给定的诸事实及其关系，给定的诸事实及其关系要获得理解和意义，只有作为文本得到诠释才能实现。

对大数据文本进行诠释，实际上就是开展数据挖掘以获得大数据知识发现，从而呈现大数据文本的意义、理解和精神。在数据挖掘分析领域中，最常用的数据分析方法有描述型分析、诊断型分析、预测型分析和指令型分析等四种。通过对大数据的描述性分析、诊断性分析、预测性分析和指令性分析，大数据文本诠释便完成一条完整的诠释逻辑路径，大数据文本得到理解，意义得到呈现，大数据也得到现实有效的运用。

描述型分析是大数据诠释中最常见的分析方法，它通常告诉人们数据给定的事实究竟是什么。比如在金融业务中，这种数据诠释方法向数据分析师提供了重要指标和业务的衡量标准概览。例如，每月的营收和损失账单。数据分析师可以通过这些账单，获取大量的客户数据。比如挖掘诠释海量数据文本以了解客户的地理信息。

描述型数据分析告诉人们数据给定的事实是什么，但它为什么会发生？这就是诊断型数据分析将要做的事情。为什么会发生——这是大数据文本的价值诠释。通过评估描述型数据，诊断分析工具能够让数据分析师深入地分析数据，钻取到数据的核心，呈现大数据文本的数据价值。例如设计良好的商业智能仪表盘就能在对数据进行描述性分析后对大数据文本进行有效整合，具有按照时间序列进行数据读入、特征过滤和钻取数据等功能，以便更好地分析数据。

当大数据文本诠释钻取到数据的核心后可能会发生什么？预测型分析将通过对海量数据的复杂度分析显现大数据文本诠释的现实意义，这就是进行趋势预测。预测型分析主要用于进行预测，以告诉我们可能发生什么。事件未来发生的可能性、预测一个可量化的值，或者是预估事情发生的时间点或空间场，这些都可以通过预测模型来完成。预测模型通常会使用各种可变数据来实现预测，数据成员的多样化与预测结果密切相关。在充满不确定性的环境下，预测能够帮助做出更好的决定。预测模型也是很多领域正在使用的重要方法，预测型分析的典型案例就是谷歌（Google）流感趋势（GFT）预测分析。

在完成了可能发生什么的大数据文本诠释之后，在问题的逻辑序列中接下来就是要知道需要做什么了。大数据文本诠释的指令型分析所要做的就是告诉人们在发生了什么之后需要做什么。指令模型基于对“发生了什么”“为什么会发生”和“可能发生什么”的分析，来帮助用户决定应该采取什么措施。通常情况下，指令型分析不是单独使用的方法，而是前面的所有方法都完成之后，最后需要完成的分析方法。例如，交通出行路线规划分析综合了每条路线的距离、每条线路的行驶速度以及目前的交通管制情况等方面因素，来帮助人们选择最优的回家路线。

沿着“描述型分析—诊断型分析—预测型分析—指令型分析”这样一条完整的大数据

文本诠释径路，大数据文本就在诠释中获得理解和意义，并在工业、商业、教育、管理、政务等各个方面得到广泛应用。

四、对数据文本的关系诠释

大数据作为文本需要人们对其进行诠释以获得理解和意义，那么在大数据文本的诠释中，我们诠释的究竟是什么？数据本身是作为大数据技术的质料而存在的，对大数据技术的数据文本进行诠释，不是为了获得或理解数据，而是为了理解数据给定的诸事实及其相互之间的相关关系，因此大数据技术的数据文本诠释真实诠释的是数据给定的诸事实及其相互之间的相关关系。

从大数据技术的“是之所是”来看，关系作为大数据技术的本体，必然在大数据技术的数据文本诠释中被呈现。

大数据由于其总体性、多样性、多变化性和价值密度低等特征，从整体上看并不存在着一种稳定的结构；就数据本身而言，其内部是一种非结构化的关系，即数据与数据之间并不存在着某种线性相关关系。如两个不同的用户在搜索引擎上所留下的历史足迹形成了两组数据，就这两组不同的数据而言，它们并不存在某种特定的相关关系，两组数据记录的仅仅是两个不同的用户在不同的时空场内搜索了相同或不同的内容，浏览了相同或不同的网页。这就是数据本身呈现的内容，即数据给定的事实。如果有海量用户通过搜索引擎对某一关键词进行搜索，并由此留下浏览足迹而形成海量数据，那么这些海量数据就其自身而言也不过就是记录了海量用户在该搜索引擎上的搜索记录而已，即给出海量用户在该搜索引擎上以某一关键词进行搜索这一事实。这些海量数据相互之间并没有形成某种稳定的内在结构，并且由于数据容量的高速扩展，数据的多样性与多变化性不断地消融着海量的数据，数据的价值密度在这种数据消融中不断降低，从而使得海量数据仅仅与每一条数据自身给定的事实相联系。

一旦海量数据进入到大数据技术的运用环节，即大数据技术诠释展开之后，非结构化的海量数据就会朝着结构化的方向汇聚，当数据挖掘的知识发现得到实质性的进展之后，海量数据给定的诸事实间的相互关系也就显露出来了。因此，大数据技术诠释就其实质而言诠释的就是海量数据给定的诸事实间的相关关系。那么，海量数据给定的诸事实之间的相关关系是如何被大数据技术诠释且呈现的呢？

下面以谷歌流感趋势（GFT）预测为例来阐明海量数据给定的诸事实之间的相关关系究竟是如何在大数据技术的诠释中一步一步被呈现的。在一定的时期和一定的区域范围内，有大量的用户以“哪些是治疗咳嗽和发热的药物”为关键词运用搜索引擎谷歌进行网页搜索，留下的浏览足迹便形成了海量数据被智能终端设备收集和存储。随着在一定时期和一定区域范围内以“哪些是治疗咳嗽和发热的药物”为关键词在搜索引擎谷歌上展开，网页搜索形成的数据海量递增，人们就会对这些海量数据给定的事实产生这样一个疑问：究竟发生了什么？于是，大数据技术诠释的第一步——描述型分析就展开了。

在描述型分析中，大数据技术诠释只是发现了这样一类数据集（实际上是发现了数据报道的给定的这样一组事实）：即在某一时期和某一区域范围内有大量的用户通过搜索引擎谷歌以“哪些是治疗咳嗽和发热的药物”为关键词搜索和浏览了网页。数据集中的每一条数据本身并不重要，数据之间也不存在某种结构性关系，描述型分析仅仅在大数据技术诠释中发现了海量数据给定的一组搜索事实。只有在将这一数据集报道的事实指向大数据文本之外或之后时，与海量数据给定的诸事实相关但却并不在数据文本自身之中的外在的其他事实之间的关系就被大数据技术诠释显明了出来，这一被大数据技术诠释显明的大数据文本之外的事实就是：用户患上了流感，想要了解哪些是可以治疗咳嗽和发热的药物，以便自己到药房去购买能够治疗流感的药物。于是，大数据技术诠释便由描述型分析进入诊断型分析。“为什么会发生”就是对海量数据给定的诸事实做出的第一次蕴含着意义的目标指向的理解和诠释。在大数据技术的第一次意义性诠释中，关系被带入，也就是说，大数据技术诠释不可避免地要将海量数据给定的诸事实与这诸事实背后客观存在着的相关关系显示出来。海量数据给出的是一定时期和区域范围内大量用户通过搜索引擎谷歌以“哪些是治疗咳嗽和发热的药物”为关键词搜索和浏览了网页的事实，通过大数据技术诠释，诊断型分析显现出用户患上了流感这一数据文本之外的事实。于是，用户通过搜索引擎谷歌以“哪些是治疗咳嗽和发热的药物”为关键词搜索和浏览了网页与用户患上了流感这两类事实之间的相关关系就建立起来了。人们可以将大数据技术诠释显现的关系用一个简单的公式表示如下。

作为诠释文本的大数据非结构化的结构性特征显示了大数据文本的不确定性和开放性，这种不确定性和开放性使得人们对于数据文本的大数据技术诠释成为可能。

G（x）：表示“用户通过搜索引擎谷歌以‘哪些是治疗咳嗽和发热的药物’为关键词搜索和浏览了网页”。

F（y）：表示“用户患了流感”。

R（x，y）：表示大数据技术诠释显现的意义性相关关系。

那么：$R(x,y)=G(x)\propto F(y)$。（1）

需要指出的是，大数据技术诠释显现的关系是一个概率判断。如果以这个概率性相关关系为基础进一步开展大数据技术诠释，就将进入到概率性预测，即大数据技术诠释的预测型分析。

诊断型分析已经告诉了人们为什么会发生，即R（x，y）已经诠释了在一定时期和一定区域大量用户通过搜索引擎谷歌以“哪些是治疗咳嗽和发热的药物”为关键词搜索和浏览了网页的海量事实，接下来就要解决可能会发生什么。

有道是“一枝独秀不是春，百花齐放春满园”，个别用户在搜索引擎谷歌上搜索“哪些是治疗咳嗽和发热的药物”或许并不会呈现有意义性的诠释，但是当某个时期在某一区域范围内有海量的用户都在搜索引擎上以“哪些是治疗咳嗽和发热的药物”为关键词进行搜索，就不禁会让人做出如下猜测：这一地区是不是流感爆发？大数据技术诠释的预测型分析就是基于诊断型分析对描述型分析中海量数据给出的诸事实做出的一种可能的概率性关系预测。如果用P（z）表示基于诊断型分析对描述型分析中海量数据给出的诸事实的预测型分析，R（x，y，z）表示完成了描述型分析、诊断型分析和预测型分析的大数据技术诠释显现的关系，那么：

$R(x, y, z) = R(x, y) \propto P(z)$，

或者 $R(x, y, z) = [G(x) \propto F(y)] \propto P(z)$。（2）

（2）式表明，通过大数据技术诠释，用户在搜索引擎谷歌上搜索“哪些是治疗咳嗽和发热的药物”、用户患上了流感、某一地区流感爆发这三者之间具有一种诠释性的内在相关关系。

通过描述型分析、诊断型分析、预测型分析，大数据技术诠释终于达成了对海量数据文本的理解，并明确了大数据文本的意义。对于海量数据文本的大数据技术诠释就其目标而言当然是为了实现大数据的技术应用，因此大数据技术诠释自然而然地来到了它的最后一步——指令型分析。

严格说来，指令型分析是基于数据文本诠释的决策分析，如在进行了大数据技术诠释之后获知某个地区流感爆发的概率，相关职能部门可以采取增加医疗资源投入或实施隔离等举措。指令型分析的未来决策性质使得大数据技术诠释获得了一种未来指向性，从而也就满足了诠释的文本理解、意义精神和解释应用等基本要素。

第三节　大数据技术及其发展趋势

大数据是随着计算机技术、互联网技术、通信技术的发展而必须面对的一个普遍问题，是互联网发展到现阶段的一种表象或特征。大数据已渗透到人们生活的各个领域中，我们正生活在一个海量数据的时代，凭借其广泛的影响，大数据正在潜移默化地改变着我们的社会，尤其对公共政策、信息科学和社会科学等领域都具有极其重要的应用价值。本节将简要介绍大数据系统框架、技术发展等方面，并对其未来的发展趋势进行分析。

大数据技术可以以史无前例的低成本去获取和利用数据，而随着数据成倍增长，大数据对我们生活的影响也会越发深入。国际知名的咨询公司麦肯锡公司发布的一项报告指出在未来 10 年内消费者的数据价值将由原来的 1000 亿美元提升为 7000 亿美元。随着大数据的作用越来越明显，政府、企业以及研究机构的很多研究人员均对大数据的研究表现出了强烈的兴趣。此外，为更好地应对大数据发展过程中出现的诸多难题和挑战，各国政府专门制定了方案，*Science* 等相关杂志也发表了相关论点。

一、大数据系统框架及技术发展研究

大数据到底有多大？大数据的大是相对于传统的编程语言、编程思想、数据结构处理能力来说的，相对于现在的数据增长，以前的技术和工具都是传统的，当遭遇新技术浪潮的时候，传统的技术和工具就会成为阻碍技术发展的最大问题。因此，大数据的大只是一个相对的大。但在未来的发展过程中大数据将会遇到越来越多的问题，大数据不是一个新的问题，而是一个一直存在着的问题。

（一）大数据处理

利用强大的支持平台来判断大数据的潜在价值称为大数据处理。根据处理时间的长短，人们可以把大数据分析分为流处理和批处理两种方式。流处理的理论和科技已经被研究了多年，其凭借自身携带的庞大的数据，可以快速分析数据导出结果，甚至其处理速度已经达到了秒、毫秒级。先对数据进行存储再对数据进行分析是批处理中最常用的方式。映射—化简（MapReduce）已被广泛应用于生物信息学网络挖掘中，其核心思想是：首先处理已经被分成小块的数据，然后按照其分布方式导出中间结果，从而接连导出最终结果。此外，由于该模型计算机资源接近数据源位置，因此可以很好地避免通信开销。

（二）数据存储

为了满足数据平台的数据分析和特征提取，数据存储必须满足以下两个条件：第一，存储的基础架构必须满足永久可靠性；第二，数据存储子系统必须能够查询和分析数据。获取大数据的主要方式有爬虫收集、政府数据、行业数据等。总结一下获取的方式就是程序员自身的积累再加上各个渠道内的收集。

（三）数据分析

作为价值链中最重要的阶段，数据分析旨在提取数据价值以便帮助人们做出决策。以下为三种常用的数据分析的方式：第一，数据可视化。通过图形有效地传递信息是数据可视化的根本目标。随着数据量的增长，传统的电子表格已不能满足大数据时代的要求。由于它可以帮助软件开发、算法设计等方面的研究，可视化大数据已成为一个越来越活跃的研究领域。第二，统计分析。在应用数学中，每件事物都存在随机性和不确定性，而统计分析是对大数据集进行描述和推理的过程。第三，数据挖掘。目前，人工智能、机器学习等相关领域均已提出了各类数据挖掘算法。数据挖掘是大数据发现模式的过程，数据挖掘算法是数据挖掘过程中的重要课题。对于互联网技术工程师来说，每次新技术的发展所带来的海量数据对他们来说是机遇，也是挑战。因此，他们必须时刻保持着足够的热情和耐心才能在数据到来的时刻不被时代所淘汰，并能够引领时代的发展。

二、大数据技术发展新趋势

在数据持续增长的今天，开放共享成为了数据资源在数据大战中持续保持优势的关键。各类数据的共享使用不仅极大地方便了人们的日常生活，更为各种产业的发展提供了机遇。但由于政府和企业之间没有统一、规范的标准，就很容易降低数据的开放程度，引起商业垄断的现象发生。而且现阶段的数据安全、数据质量方面都存在很大的问题，能够熟练掌握大数据的专业人员也很少，大数据人才市场的匮乏直接影响了大数据未来的发展趋势。未来大数据的发展趋势主要体现在以下几个方面。

（一）数据资源化

随着大数据的发展，很多商业机构都对大数据表现出了相当浓厚的兴趣，大数据成为当代企业抢夺的新焦点。《华尔街日报》就曾指出大数据是像黄金、货币一样的新的资产类别。谷歌、百度、腾讯等企业都利用大数据取得了事业上的成功，而金融、电信等行业也在不断地利用大数据提升自身的竞争力。数据资源也可以解决交通行业中的出行问题，智能交通依靠大数据信息集成的优势和组合效率，并跨越行政区域的限制，很好地配置公共交通信息资源，促进公共交通均衡性发展，对交通堵塞和交通污染排放进行隐形控制。

（二）行业方案定制化

大数据技术开始和传统的商业进行智能化的结合，在对企业的数据进行分析处理的基础上，引入更多的非数据化结构数据。企业可以利用这项功能建成完整的数据化平台，并给各个商家定制适合他们的数据服务。商业智能化技术由于更利于企业找到新的商机，所以必定会有广泛的应用市场。相信大数据技术在未来将会更智能化地解决商业中所存在的问题，对传统金融行业产生巨大影响。大数据金融概念的提出及实施也更能体现大数据的实力和潜力。如京东商城等电子商务企业已经借助平台积淀的数据资产进军金融领域，其将信息流、物流和资金流进行深度融合，为平台上的用户提供订单白条等创新服务，弥补了传统供应链金融信息技术服务的缺失，这种定制化的商业解决方案必定会在金融行业创造出更高的价值。在教育领域大数据也引发着重要变革，美国教育部门所创造的“学习分析系统”正是基于大数据所研发，它以数据和模块联合的框架，向教育工作者提供学生关于学习的更多、更好、更精确的信息。

（三）生活便利化

大数据技术已经开始改变人们的日常生活，并逐渐普及到了各个方面，促进了城市的发展。大数据技术从传统的、简单的数据分析处理到现在的智能化技术，无一不为人类提供了便利。比如智能手环的出现，让人们可以随时了解自身的健康状态。外出时可以通过大数据技术进行人工智能导航；在家可以使用智能家电等。在未来大数据技术将会通过对数据的分析为人类提供更多智能化的帮助。

综上所述，随着近几年科学技术的迅猛发展，许多领域产生了海量数据，大数据正在潜移默化地改变着我们的社会。在未来的发展过程中，大数据技术开始和传统商业进行智能化的结合，在对企业的数据进行分析处理的基础上，引入更多的非数据化结构数据。越来越多商业机构都对大数据表现出了相当浓厚的兴趣，大数据必将成为当代企业抢夺的新焦点。

第四节　大数据技术的伦理问题反思

随着科学技术的不断发展，大数据技术成为当前信息技术产业里的一项关键技术，它也由此而引发了社会各个领域的变革。所谓的“大数据技术”，主要是通过传感器、网络交易、电子邮件、视频、点击流，以及当前和未来可获得的其他数字资源产生的海量、多样化、复杂化、纵向或分布式数据集，其最为突出的特征就是数据集是通过各种数据源而不断被收集起来的，并在云计算模型下对海量的数据进行存储、快速计算及分析。大数据技术由于掌握了海量的数据信息，它在处理高度复杂的事件，为人们提供更好的产品及服务，以及从众多解决方案中寻找最优解等方面，都具有极大的意义。但是，大数据技术也存在一些诸如侵犯公民个人隐私，信息安全存在漏洞，数据信息肆意买卖等伦理问题。为此，我们希望在梳理现有研究的基础之上，讨论大数据技术涉及的伦理问题，并提出一些解决思路。

一、大数据技术引发的伦理问题

大数据技术的广泛应用在给人类社会带来极大便利的同时，其引发的伦理问题也日益成为学术界关注的焦点。目前的大数据技术是基于传统的数据库技术发展起来的，在数据的收集、分析以及使用的过程中都涉及信息安全、个人隐私、公平等问题，这便使得大数据技术具有更多的伦理争议。下面将分析一下大数据技术主要涉及的三个方面的伦理问题，它们分别是个人隐私信息的泄露、数字鸿沟的扩大化、伦理责任主体不清晰。

（一）个人隐私信息的泄露

美国的《纽约时报》曾经报道了这样的一个案例：美国塔吉特公司（Target Corporation）有一个分析的项目，能够通过数据挖掘的方式来确定顾客是否怀孕，以此来达到销售该公司产品的目的。但是一次该公司却将购买与妊娠有关物品的优惠券推送给了一位少女，她的父亲知道后，对该公司提出强烈抗议。Target 公司的做法使其立即成为了众矢之的，因为人们觉得个人的隐私受到了侵犯。这便是大数据时代下人们需要面临的最为突出的伦理问题——个人隐私信息的泄露。个人隐私信息主要包含个人身份信息、个人行为信息以及个人偏好信息三个方面。随着人们对互联网的依赖性越来越强，个人的使用数据也在不断增长，人们开始关心自己的数据是否会被监控、泄露，甚至买卖。

在如今的互联网时代，特别是大数据技术广泛应用后，个人的隐私信息被泄露的情况是经常发生的。我国自从接入互联网到现在已经拥有世界上最为庞大的上网人群。根据中国互联网络信息中心（CNNIC）发布的《第 48 次中国互联网络发展状况统计报告》显示，截至 2021 年 6 月，我国网民规模达 10.11 亿，互联网普及率达到 71.6%。

人们在使用互联网时必须要通过电子设备，由此就会在设备上产生各种数据，而这些数据就会被一些公司收集和存储起来，形成巨大的数据流，凭借这些数据流，这些公司就可以对用户的个人身份、行为偏好等进行分析，从而有针对性地向人们推送关于各种商品的信息，数据流的巨大商业价值就展现出来了。但是，我们不禁要问，这些数据资源的收集和利用是否已经告知了当事人，是否已经得到了当事人的许可，或者是否会对当事人进行补偿呢？如果答案是否定的，显然公民个人并不能控制自己的信息，这就造成了严重侵权行为。由于大数据技术仍处于蓬勃发展之中，目前的行业伦理规范尚未完全形成，公民个人在网络上产生的信息数据几乎是被无偿使用的，并且公司与公司之间的数据共享情况也很普遍，这些都是亟待改变的。

（二）数字信息鸿沟的扩大化

数字信息鸿沟是大数据领域内的一种“贫富差距”的体现，是指“在信息社会中，不同国家、地区、行业的人群由于对社会信息资源占有和使用程度的不同而造成的‘信息落差’和‘知识分隔’。”这是一个涉及公平公正的一个问题。在大数据时代里，每一个人原则上都可以用一连串的数字符号来表示，在某种程度上来说，数字化的存在就是人的存在。因此，数字信息对于人来说就成为了一个非常重要的存在。每一个人都希望享受大数据技术所带来的福利，即希望能够享受到信息通信技术的相关服务，以及信息的公正分配。如果只是某些国家、公司或者个人垄断大数据技术的相关福利，这样会有损于社会的公平公正，亦会受到人们的抵制。但是，现实的情况却是“数字信息鸿沟”正在不断地扩大，信息技术让不同国家、不同地区、不同阶层的人深深地感受到了不平等。而大数据技术在产生之时就蕴含着“数字信息鸿沟”，因为数据的收集和使用囊括着众多的环节，诸如数据的收集、选取、存储以及分析等，这一切又都需要强大的技术和资金作为支持，这就注定了只有强大的政府和大公司才有能力完成如此复杂的链条。国家之间的数字信息鸿沟的差距也呈现扩大化的趋势，尤其是在发达国家和发展中国家之间。

互联网普及率高的地方人们能够充分利用资源来改善自己的生活质量，满足自己的需求，而互联网普及率低的地方则做不到，这种情况在我国的东中西部地区、城乡之间等都可以明显地看到。因此，必须要思考解决“数字信息鸿沟”这一伦理问题，实现大数据均衡而又充分的发展。

（三）伦理责任主体不清晰

大数据技术由于存储了海量的数据，如果被一些别有用心的人利用，或者存储技术不够安全严密，就会有被非法利用的危险。互联网本身是受到严格管控的，但是由于数据的复杂性，人们在互联网里所表达的各项内容等难以监管。这就导致了互联网中充斥着各种不良信息、语言暴力以及网络诈骗等，严重扰乱了互联网秩序。轻者影响人们的身心健康，危及个人的财产安全，重者危害国家的利益。因此，民众广泛要求加强对互联网，特别是大数据技术的存储以及使用的监控，但最为突出的问题是由于对数据的非法使用而引发的后果应该由哪些伦理责任主体来承担呢？目前尚未有相关的法律法规以及行业规范来界定。

由于伦理责任主体的模糊性，这就为解决大数据相关的伦理问题增添了难度。因为不用对自己的行为负责，这就意味着在数据的收集、分析和使用等过程中都不必遵守相关的伦理规范。那么在何种情况下，伦理责任主体需要负责呢？“某人 X 为行动 A 负责，当且仅当，是 X 做的 A，或者说 X 导致了 A。”这就是说结果 A 的出现有 X 在起作用，如果 X 没有起作用，那么 X 就不必为此负责。在数据的收集、整理和使用过程中若没有对产生数据的个体造成伤害，这时便不用 X 负责。但是，若由此而导致的诈骗行为等，相关机构和个人必须对此负责，而这恰恰又是目前的困难所在。数据收集涉及多个主体，诸如公司和政府，以及机构的主要负责人。在数据的收集和传播过程中又涉及新的机构，如何将责任界定下来，各个机构和个人该如何承担责任，这是最为艰巨的课题。

二、大数据技术伦理问题产生的原因

（一）主体的利益牵涉

技术本身是没有价值牵涉其中的，是中性的，但是由于主体的利益牵涉其中，这就使得大数据技术的伦理问题更为凸显。在处于大数据时代的今天，每一个人都可以还原为一连串的数字符号。甚至在交往的过程当中，人们也是通过数据来加深对对方的理解的，最为明显的就是在社交平台交友时，在找工作递交简历时，或者在招生录取时，每一个人都会形成由兴趣爱好、身高、特长、分数等数字组合而成的数据集，据此其他人就可以精确地识别出个人的身份和偏好。可以说在一定程度上，数字化的世界正在形成。在数字化的世界中，数字能够给不同的主体带来巨大的价值，这是大数据技术伦理问题产生的根本原因。正如伦理学家唐凯麟所说：“在运用大数据的过程中，不同层次的组织与用户往往从自身的利益出发，以追求利益最大化为目标实施行动，这可能侵害到其他利益相关者的利益。”

企业的最终目的是要追求利润，而海量的数据能够让企业了解到不同的人群需要什么样的产品，掌握了数据，既可以为企业节省大量的成本，又可以精准地针对不同的群体研发新产品。因此，在利益的驱动下，某些不良企业采取各种手段，利用法律的漏洞，私自获取公民的个人信息，无视公民的隐私权，肆意买卖、共享公民的个人隐私信息等。这些都严重侵害了公民的隐私权、知情权。另外，由于公民个人对自身数据保护意识不强，导致了个人隐私的泄露。还有一些不法分子肆意窃取公民的个人信息进行交易，究其原因，这都是利益的驱动。

（二）技术乌托邦的消极影响

技术乌托邦认为，人类决定着技术的设计、发展与未来，因此人类可以按照自身的需求来创新科技，实现科技完全为人类服务的目的。正是在技术乌托邦的影响之下，一些人认为大数据技术是完全正确的，不应加以任何的限制，它所涉及的伦理问题只是小问题，无关乎大数据技术发展。伦理问题涉及的是价值层面上的问题，价值问题若无法解决，技术又怎能被合法、合规地运用到实践中呢?

技术乌托邦所带来的消极影响是显而易见的，它过分地迷信技术，这是危险的，而它所造成的价值错位之一，就是催发了技术中心主义，使人把所有的希望都寄托于技术之上。在这种价值错位的作用之下，人们对技术的不完善性、不完全性、恶欲性视而不见，把本不应由技术负担且技术实际上负担不了的问题都交给技术，其结果便是将技术的非善良面进一步推向新的高度，加剧了大数据技术引发的伦理危机。但是，技术在运用过程中的联系性是极其复杂的，人们应用这些科学技术的同时却无法全面预知它的整体效应以及它与其他事物错综复杂的相互联系。

（三）行业伦理规范尚未形成

大数据技术是随着互联网的发展而成长起来的，数据的收集、存储、分析和使用都是依托于互联网的，因此制定互联网行业的伦理规范就显得尤为重要。目前我国在这方面的行业伦理规范尚未形成，而且大数据企业也尚未形成一套完整的行业规范操作机制，于是大数据企业和互联网公司就会根据自身的利益情况，对个人隐私信息、信息安全和自身所需要承担的责任进行界定。显然，由于没有严格遵循统一的口径，制定出来的规范的可操作性就值得商榷了。因为这是在多重标准之下所制定的，必然会对某一问题采取不同的行为，而企业又具有逐利的特性，必然寻求承担最小的代价，以求换取最大的利益。道德规范的不完善使大数据行为处于一种无规范可依据的失范状态，这正是目前大数据行业里的真实的状态。没有行业规范，企业就可以随意地窥探、收集、买卖用户个人的隐私信息，也就不用对自己的违法违规行为负责了。因此，必须引入法律法规监督机制，从外部倒逼大数据行业伦理规范的形成。

近几年我国陆续颁布了《互联网文化管理暂行规定》《互联网出版管理暂行规定》《互

联网信息服务管理办法》《互联网电子公告服务管理规定》等法律法规。尽管如此，这些也只是行政管理条例，距离真正的法治化还有很长的路要走，这也注定了其约束力是有限的，难以对大数据行业伦理规范的形成起到建设性的作用。随着大数据技术的快速发展，法律空白的不便日益凸显出来，成为亟待解决的问题。所以行业伦理规范的形成不能只靠行业内部成员的自觉，还应从外部施加压力，这样才能更好地促进规范的形成。

三、大数据技术伦理问题的解决思路

（一）政府：建立健全保护公民个人数据隐私的法律法规

政府是大数据技术涉及的一个最重要的主体，大数据技术的健康发展离不开政府的引导和监管。为此，政府必须要着力建立健全保护公民个人数据隐私的法律法规，促进大数据技术的发展。

在目前的情况下，公民个人的数据隐私之所以频频被侵害，很重要的一个原因就是侵犯成本比较低，相关的主体可以任意根据自己的意志来行动而没有任何的顾虑。作为产生数据信息的个人，即使知道了自己的个人隐私被侵害了，但是在维权的过程中也是困难重重。一是没有相关的法律法规规定个人数据隐私的内容明确包含哪些。例如在购物网站上的购买记录、搜索引擎中的足迹以及社交平台的记录等，这些都是个人隐私信息被侵害的主要方面，但都没有规定明确其是否属于个人隐私。二是究竟应该是由哪一个主体为此负责呢？是拥有该平台的公司，还是通信运营商或是互联网企业呢？这些主体的模糊性使得难以严密保护公民个人的数据隐私信息。所以，政府要在深入调研的基础之上，细化相关的法律法规。一旦法律法规对相关的行为做出了明确的规定，便会形成强有力的约束力，否则只会流于形式，而不能真正实现其功能。

（二）大数据企业：坚持责任与利益并重的原则

企业的终极目标是追求利益，这本身是无可厚非的，但是当企业的利益和公民个人的利益产生冲突时便要进行取舍。因此，大数据企业必须要坚持责任与利益并重的原则，切实承担起属于自己的社会责任，不能唯利是图。在大数据技术的研发及其应用中，专业人员、公司和使用者之间的利益冲突应该做合适的处理。任何情况下公民（尤其是脆弱人群）的利益不能因追求专业人员或公司的利益而受到伤害。不伤害原则是解决伦理问题的一个很重要的原则，每个主体都有追求自己利益的权利，但是不能通过伤害他人利益的方式来获得。这就是说，大数据技术的研发和创新不能以牺牲人类的福祉为代价，而应要向着创建人类的共同福祉这一目标前进，提高人类命运共同体的幸福感。

义务论认为个体在追求利益最大化时必须要关注行为本身是否正当，必须要接受某种规则的制约，大数据企业也必须要遵守一定的原则。笔者认为坚持责任与利益并重的原则是协调利益的一个最佳原则。企业必须要获得利益，才能实现自身的价值，但是企业在数据收集、分析、使用和数据挖掘的过程之中，不能完全根据自己的利益来采取行动，而应兼顾公民个人的利益，不能在没有取得公民个人授权或者在公民不知情的情况下对其个人数据进行收集和挖掘。

近年来，由于大数据技术的发展，公民越来越意识到保护个人数据隐私的重要性，但是大多数人的意识并不是很强。在这种情况下，企业承担起这种保护的重任就显得尤为重要。如若大数据企业切实承担起属于自己的社会责任，便会在社会上形成良好的企业形象，公民对企业的信任度提高了，在将来的竞争中才会处于优势地位，从而为企业带来良好的效益。

此外，大数据行业伦理规范的形成也要求企业要遵循责任与利益并重的原则，行业伦理规范应该是公平公正的，并且不会损害企业的利益。这就意味着该规范要在行业内部得到全体成员的一致认可与遵守，如此大数据行业才能为更多的人所信任。只有得到了公众充分的信任，数据的收集、分析和挖掘等各个环节才能更有效地进行。

（三）公民：提高保护个人数据隐私信息的意识

在处于大数据时代的今天，公民作为产生数据的个体，拥有数据的所有权。大数据技术涉及的伦理问题中最主要的就是个人的数据隐私信息，这一问题能否处理好直接关系到大数据技术能否有一个良好的发展环境。

个人数据隐私信息与公民的利益是紧密相连的，因此公民要努力提高保护个人数据隐私信息的意识，维护自己的合法权利。美国学者理查德·斯皮内洛指出："尊重他人隐私的义务是一个自明的义务，在一般情况下，隐私必须受到尊重，因为它是保护我们自由和自决的一张重要的盾牌。"也就是说，尊重他人的隐私是大数据时代下的契约精神，更是人与人之间的一个基本规范。若个人的隐私权没有办法受到尊重与保护，则人就没有自由的可能，社会就会处于混乱的状态，这与霍布斯所说的"一切人反对一切人"的状态又有何异呢？

公民个人数据隐私之所以频频受到侵害，很重要的一个原因就是个人没有意识到自身数据的重要性，缺乏保护意识。因此，当我们在互联网平台上进行交易或者社交时，必须要注意自己的信息是否在没有被告知的情况下被不法分子进行收集，如果有告知协议，务必仔细阅读。涉及身份证、银行卡等信息的填写时，要格外小心，不要轻易泄露个人身份的关键信息。

当遇到侵权行为时，要敢于维护自己的权益，与相关商家及时进行沟通，或者向消费者协会请求帮助，情节严重时，要向司法机关提起诉讼，以维护自身的合法权益。面对大数据行业如此错综复杂的环境，公民只有提高保护个人数据隐私信息的意识，才能与大数据技术的发展相适应，才能有力地维护自己的利益。

此外，公民也应当积极履行监督的义务，若发现有企业或机构侵犯了自己的隐私信息，要及时向有关部门举报。只有社会各界积极行动起来，才能更好地减少侵犯隐私行为的发生，促进大数据行业伦理规范的形成，从根本上解决大数据技术引发的伦理问题，让每一个人都能够享受到大数据技术带来的福利。随着大数据技术相关伦理问题的不断解决，大数据技术才会迎来飞速发展的黄金时期。

第二章　电子商务的发展

第一节　电子商务的分类

电子商务参与方主要有四部分，即政府、企业、中介方和个人消费者。应该看到，中介方只是为电子商务的实现与开展提供技术、管理与服务支持，而其他三者则是以另一种姿态成为参与方的。尽管有些网上拍卖形式的电子商务属于个人与个人之间的交易，也就是通常所说的 Consumer To Consumer（即 C to C 或 C2C），但仍可以这样讲，企业是电子商务的核心，考察电子商务的类型，应主要从企业的角度来进行分析。企业电子商务可以从系统涉及的业务范围、系统的复杂程度和应用功能情况等不同的角度对企业的电子商务系统进行分类。

一、按企业电子商务系统业务处理过程涉及的范围分类

从企业电子商务系统业务处理过程中所涉及的范围出发，可以分为企业与政府之间、企业之间、企业与消费者之间及企业内部四种电子商务类型。

（一）企业与政府之间的电子商务（B2G）

政府与企业之间的各项事务都可以涵盖在其中，包括政府采购、税收、商检、管理条例发布等。一方面政府作为消费者，可以通过互联网发布自己的采购清单，公开、透明、高效、廉洁地完成所需物品的采购；另一方面，政府对企业宏观调控、指导规范、监督管理的职能通过网络以电子商务的方式更能充分、及时地履行。借助网络及其他信息技术，政府职能部门能更及时且全面地获取所需信息，做出正确决策，做到快速反应，能迅速、直接地将政策法规及调控信息传达于企业，起到管理与服务的作用。

（二）企业间的电子商务（B2B）

有业务联系的公司之间相互用电子商务系统将关键的商务处理过程连接起来，形成在网上的虚拟企业圈。例如，企业利用计算机网络向它的供应商进行采购，或利用计算

机网络进行付款等。这一类电子商务，特别是企业通过私营或增值网络（Value Added Network）采用电子数据交换（EDI）方式所进行的商务活动已经存在多年。这种电子商务系统具有很强的实时商务处理能力，使公司能以一种可靠、安全、简便快捷的方式进行企业间的商务联系活动并达成交易。商务部电子商务和信息化司发布的《中国电子商务报告2019》中的数据显示，2019 年我国电子商务交易额达 34.81 万亿元，其中企业间的交易规模依然占据着大部分的份额，企业间的电子商务是电子商务的主要形式。

（三）企业与消费者之间的电子商务（B2C）

企业与消费者之间的电子商务活动是人们最熟悉的一种电子商务类型。大量的网上商店利用互联网提供的双向交互通信，完成在网上进行销售的过程，这类电子商务主要是借助互联网所开展的在线式销售活动进行的。最近几年随着互联网的发展，这类电子商务的发展异军突起。例如，在互联网上目前已出现了许多大型超级市场，所出售的产品从食品、饮料到电脑、汽车等，几乎包括了所有的消费品。由于这种模式节省了客户和企业双方的时间和空间，大大提高了交易效率，节省了各类不必要的开支，因而这类模式得到了人们的认同，获得了迅速的发展。

（四）企业内部的电子商务

企业通过企业内部网自动进行商务流程处理，保证对重要系统和关键数据的存取，保持组织间的联系。它的基本原理同前面讲的企业间电子商务类似，只是企业内部进行交换时，交换对象是相对确定的，交换的安全性和可靠性要求较低，主要是实现企业内部不同部门之间的交换（或者内部交易）。企业内部电子商务的实现主要是在企业内部信息化的基础上，将企业的内部交易网络化，它是企业外部电子商务的基础，而且相比外部电子商务更容易实现。企业内部的电子商务系统可以提高企业商务活动处理的敏捷性，对市场状况能更快地做出反应，进而更好地为客户提供服务。

除了上述四种，电子商务还会有许多其他派生形式。

二、按电子商务复杂性程度分类

电子商务的飞速发展，促使国际上众多信息技术企业推出了大量的电子商务解决方案，有些方案可用于处理大中型企业较复杂的商务过程，也有的方案可用来解决小型企业的商务问题。不同的企业通过采用相应的电子商务解决方案，就可以在网上销售产品和提供服务。

企业的电子商务解决方案按其复杂程度的不同可以分为以下三类。

（一）网上黄页

网上黄页使用户可以在网上发布广告信息，如企业的介绍、服务时间、电话号码、地址、企业所在区域的地图和特殊服务项目等，这些信息都链接在企业的万维网（Web）站点上。这种方案对企业来讲开销相对较低，较适于小型企业在开展电子商务时采用。目前，互联网上的万维站点越来越多，要吸引用户访问本企业的站点并非易事。网上黄页能让客户通过网上搜索工具，快速方便地找到相应企业的站点。网上黄页所提供的功能相当有限，但费用低廉且方便有效，是中小企业进入电子商务领域初期可采用的较好选择。

（二）简单电子商务解决方案

这类方案可以使企业在没有专业的网络工程师和软件开发人员的情况下，拥有一个网上目录，并能接受网上订货。简单方案主要针对那些专业人员力量薄弱，又需提供电子商务服务的小型企业。按照简单电子商务解决方案创建一个能接收网上订单的万维网站点，并不需要专门的硬件和软件设备。本方案适合于有一定开展电子商务基础的企业。

（三）完整的电子商务解决方案

采用这种方案的企业能进行独立的网上营销活动，如设计网上目录和接收网上订货，并能对网上订货做出相应的处理。与简单解决方案相比，完整方案不仅提供了前台服务特性，还提供了后台处理，这样就可将企业的网上目录、订单处理与数据库的操作结合在一起，完成交易信息的结算、统计分析和综合处理的全过程。这种方案对于税收计算、目录管理等日常操作也都能自动处理。相对于前两种方案，完整方案功能更为强大，服务更为广阔，受到越来越多企业的重视。完整的电子商务解决方案是企业开展电子商务的最终方案。

三、按电子商务系统功能目标分类

企业的电子商务系统按系统的功能目标的不同，可以分为对企业电子商务活动的内容管理、协同处理与交易服务三类。

（一）内容管理

这类电子商务系统对企业需要在网上发布的各种信息进行管理，通过网上的广告信息来增加企业产品的品牌价值，树立企业的形象，扩大公司的影响。

（二）协同处理

这类电子商务系统能与公司人员协同工作，自动处理电子商务的业务流程，与企业内外的各组织随时保持紧密联系，包括收发电子邮件、合同的审定及签署等，使网上的销售过程自动化。

（三）交易服务

这是网上商店常采用的电子商务系统形式，使网上的商品销售活动真正实现每周 7 天、每天 24 小时的服务。这种形式的电子商务系统能在网上向客户提供智能目录、接受网上订单和安全的网上支付等服务功能。

四、按电子商务技术标准和支付方式分类

按技术标准和支付方式可将电子商务分为以下五类。

（一）支付系统无安全措施型的电子商务

用户从商家订货，支持所需的信用卡信息通过电话、传真等非网络传送手段进行传输；也可在网上传送该信用卡信息。商家与银行之间使用各自现有的授权来检查网络。其特点是风险由商家承担；信用卡信息可以在线传送，但无安全措施。

（二）通过第三方经纪人支付型的电子商务

用户在第三方网上经纪人付费系统服务器上开一个账号，用户使用账号付费，交易成本很低，对小额交易很适用。网上经纪人持有用户账号和信用卡号，用户用账号从商家订货，商家将用户账号提供给经纪人，经纪人验证商家身份，给用户发送电子邮件，要求用户确认购买和支付信息后，将信用卡信息传给银行，完成支付过程。其特点是用户账号的开设不通过网络；信用卡信息不在开放的网络上传送；使用电子邮件来确认用户身份，防止伪造；商家自由度大，无风险；支付是通过双方都信任的第三方（经纪人）完成的。

（三）电子现金支付型的电子商务

用户用现金服务器账号中预先存入的现金来购买电子货币证书，这些电子货币就有了价值，可以在商业领域中进行流通。电子货币的主要优点是匿名性，缺点是需要一个大型的数据库存储用户完成的交易和电子现金序列号，以防止重复消费。这种模式适用于小额交易。

（四）使用简单加密型支付系统的电子商务

使用这种模式付费时，用户信用卡号码被加密。采用的加密技术有加密的超文本传送协议（HTTP）、加密的安全套接层协议（SSL）等。这种加密的信息只有业务提供商或第三方付费处理系统才能够识别。由于用户进行在线购物时只需一个信用卡号，所以这种付费方式能给用户带来方便。这种方式需要一系列的加密、授权、认证及相关信息传送，

交易成本较高，所以对小额交易而言是不适用的。其特点是部分或全部信息加密；使用对称和非对称加密技术；可使用身份验证证书；采用防伪造的数字签名。

（五）安全电子传输协议型的电子商务

SET 协议是安全电子交易协议的简称，它是一个在开放的网络（互联网）上实现安全电子交易的协议标准。SET 协议规定了交易各方进行安全交易的具体流程。SET 通过使用公共密钥和对称密钥方式加密保证了数据的保密性，通过使用数字签名来确定数据是否被篡改，保证数据的一致性和完整性，并可以完成交易防止抵赖。此种方式的电子商务的支付安全有很高的保障，但 SET 协议十分复杂，因而其应用也受到了一定的限制，不过业界认为这种方式将是未来电子商务的发展方向。

五、按电子商务信息网络范围分类

按开展电子商务的信息网络范围进行分类，主要可分为三类。

（一）本地电子商务

本地电子商务通常是指利用本城市内或本地区内的信息网络实现的电子商务活动，电子交易的地域范围较小。本地电子商务系统是利用互联网、内部网或专用网将参加交易的各方电子商务信息系统连接在一起的网络系统。参加交易的各方电子商务信息系统，包括买方、卖方及其他各方的电子商务信息系统；银行金融机构电子信息系统；保险公司信息系统；商品检验信息系统；税务管理信息系统；货物运输信息系统；本地区电子数据交换（EDI）中心系统（实际上，本地区 EDI 中心系统联结各个信息系统的中心）。本地电子商务系统是开展远程国内电子商务和全球电子商务的基础系统。

（二）远程电子商务

远程国内电子商务是指在本国范围内进行的网上电子商务交易活动，其交易的地域范围较大，对软硬件和技术要求较高，要求在全国范围内实现商业电子化、自动化，实现金融电子化，交易各方具备一定的电子商务知识、经济能力和技术能力，并具有一定的管理水平和能力等。

（三）全球电子商务

全球电子商务是指在全世界范围内进行的电子商务交易活动，参加交易的各方通过网络进行贸易。涉及有关交易各方的相关系统，如买方国家进出口公司系统、海关系统、银行金融系统、税务系统、运输系统、保险系统等。全球电子商务业务内容繁杂，数据来往频繁，要求电子商务系统严格、准确、安全、可靠，因此应制定出世界统一的电子商务标准和电子商务（贸易）协议，使全球电子商务得到顺利发展。

此外，电子商务的分类方式还有很多，如按电子商务交易过程分为：交易前电子商务、交易中电子商务和交易后电子商务。按交易对象不同分为：有形商品交易电子商务、无形商品电子商务和服务交易电子商务。对电子商务进行不同的分类便于人们从不同的角度研究电子商务。

第二节　电子商务的社会影响

一、电子商务在工业企业中的作用

（一）降低成本

电子商务可使企业节省各种单证的制作成本，降低人工费用，提高员工的工作效率和企业的经济效益。各种单证如订单、发票的制作和管理是企业成本的一个重要组成部分，占到企业总成本的 4% ~ 10%。电子商务技术大大压缩了这部分成本，同时还降低了通信费用，并减少了人为过失所造成的经济损失。

（二）加快信息处理和决策过程

互联网及其应用可以加快企业处理信息和决策的过程。企业根据市场的需求，进行“订单式”的生产，为满足不同客户的多方面要求，降低企业的经营管理成本，提高企业的经济效益，采用企业资源计划（ERP）系统实现信息处理和决策。

（三）减少盲目投资，加快资金回收

通过互联网掌握经济发展的脉搏和市场走向，可以减少投资的盲目性，缩短产品开发及投资回收的周期。电子商务环境所提供的大量、及时、准确的市场信息，有利于企业领导作出正确的投资决策，减少企业开发新产品、更新老产品的盲目性；高效率的电子网络销售渠道还可以缩短企业投资的回收期，推动技术进步和产品的升级换代。

（四）设计网络化

世界上最大的双引擎客机制造商——波音公司，于 21 世纪推出的产品波音 777 型客机的设计，从头到尾几乎没有纸质图纸。该公司完全依靠电脑与网络，把用户、原材料和零部件供应商的意见收集起来，有关的设计和生产部门也通过电脑与网络进行交流，合作完成各项设计并形成整体设计方案。

二、电子商务在商业企业中的作用

企业的市场分析、客户联系、物资调配、内部管理、公司间合作等商务活动会发生在公司内部、公司之间及公司与客户之间。借助电子商务可以有效地促进与商品交换有关的信息、商品和货币的流通。从事电子商务经营的企业具有以下优势。

（一）降低管理成本

电子商务企业无须门面即可经营，可在任意地点办公，通信费等各项费用低。

（二）提高劳动生产率

比如在亚马逊网上书店仅有 9 人的时候，其销售商品已达 300 万种，年销售额达 5.7 亿美元，因为它采用了网络自动处理业务流程和与供货商、配送商进行合作。

（三）扩展市场范围

电子商务可面向全世界销售商品。

（四）与客户良好沟通

电子商务可使交易成本低、速度快，使生产者和消费者不通过中间商直接双向沟通。

（五）提供全天候的服务

借助电子商务，客户随时可在网上选购商品。

（六）为顾客提供个性化服务

顾客可以定制商品，商城可以自动根据老顾客以前的购买情况为其推荐商品，自动按其累计购买量打折，还可以为顾客提供个人信息服务，如提供网上秘书服务等。利用电子商务，顾客在购物时可以享受到以前享受不到的商业便利。

（七）信息沟通更加主动

随着生产力水平的提高，买方市场的形成，商品供过于求，商品信息“爆炸”是必然的。顾客可以根据自己的需要，在网上利用搜索引擎自主地寻找需要的商品信息，企业可以根据顾客所搜数据调整产品。

（八）商品的品种更加多样

电子商务的商业网站由于利用了先进的信息系统以及相应的高效货物配送系统，无需货架，无需门面，因此企业提供的商品品种不受物理空间的限制。可供选择的商品品种的数量在理论上可以达到信息系统和配送系统的承载上限。

（九）结算支付更加有效

网上支付可以避免携带现金的不便、找零的麻烦、假币的担心等问题。

通过比较可以看到，电子商务为商业提供了前所未有的便利。这种传统商业不可比拟的商业便利，决定了电子商务的良好发展前景，也决定了传统商业企业将面临更多的威胁和挑战。

三、电子商务在社会生活其他方面的作用

（一）电子商务推动了银行变革

1. 电子商务为传统银行开辟了更为广阔的发展空间

资金媒介功能与交付服务功能是商业银行的基本功能。随着经济金融的全球化和网络技术的发展，银行提供支付服务的手段和技术更为先进、多样，服务也更加快捷，从而使银行作为社会支付体系的功能不断得到加强，银行开始由传统的资金媒介主体向社会支付体系主体转变。银行不仅是社会资金流动中心，同时也是信息发布中心、商品交易中心和报价中心。银行既是货币流的载体，也是引导信息流和物资流的基本平台。在这种模式中，银行始终处于主动和主导地位，银行集中和传递的信息越多、越快，越能够引导规模更大、速度更快的社会资金流动，银行的效率也就越高，对社会经济运行的贡献也就越大。相对传统银行仅作为被动的社会支付中介来讲，这不仅意味着银行功能的转变，更意味着其发展空间的拓展。

2. 电子商务为不同类型的银行提供了可在同一个网络平台上公平竞争的环境

基于互联网的全球性、开放性和信息充分性程度的提高，电子商务不仅赋予了银行业一种全新的营销方式和全球性的巨大市场，提升了银行经营的国际化程度，而且重新构架起全新的银行竞争规则：所有银行无论是实力雄厚的，还是规模偏小的；也无论是历史悠久的“老字号”，还是处于成长期的“新生代”，在网络上一律平等。在这种新的市场竞争规则下，新兴银行与历史久远的大银行在竞争的起点上是一致的，中小银行如果能把握住信息技术带来的机遇，完全可以与大银行并驾齐驱，在全球化的市场上公平竞争。这意味着在电子商务时代，决定银行竞争优势和实力的关键因素是科技水平，而不是规模的大小，更不是历史的长短。

3. 电子商务为传统银行个性化创新能力的提高奠定了基础

面对极大的金融商品选择空间和余地，客户将表现出日益强烈的“个性化”需求特征。银行的金融创新将以客户为导向，借助网络技术，根据客户的个性化需求为之“量身定制”，扩大以高效、个性化为主体的新金融产品和金融服务的供给，满足市场和客户对多样化、

个性化金融产品和金融服务的需求。

4. 电子商务技术为金融业务“一体化”发展提供了技术平台

网络技术的发展打破了传统金融业的专业分工，模糊了银行业、证券业和保险业之间的界限。银行不仅提供储蓄、存款、贷款和结算等传统业务，而且提供投资、保险、咨询、金融衍生业务等综合性、全方位的金融业务。电子商务使银行既克服了传统银行在时间和空间上的限制，又可以实现银行业务、证券业务。

5. 电子商务极大地提高了银行的经营效率与效益

电子商务技术的发展，加速了传统银行组织体系、管理体制和运作模式的整合、再造与变革的步伐，极大地提高了银行的经营效率与效益。

电子商务使银行业务的扩展主要借助互联网，其原因有四点。第一，传统银行的组织体系将适应电子商务的要求，由垂直式向扁平式、由物理化的传统实体向虚拟化的电子空间重构。第二，利用电子商务技术可以使传统银行业务流程与网络所具有的强大优势完美结合，将银行每个员工、部门、业务伙伴、策略同盟甚至每个客户都联结起来，使银行发展为从内到外浑然天成、无懈可击的电子商务有机体。第三，传统银行可以利用网络技术加强对资产和负债的风险控制与管理，实现风险管理由分散到集中、由定性到定量、由主观判断到客观分析的转变。其四，传统银行借助电子商务技术可以实现传统财务向网络财务的转变，实现会计核算、数据处理和财务管理的自动化、系统化和网络化。此外，通过网络技术，还可以使传统银行的营销模式、人力资源配置和创新能力得到彻底革新。

电子商务给传统银行带来的以上发展机遇，最终必然体现为银行运营成本的降低、服务效率与质量的提升和经济效益的提高。同时，互联网金融的崛起给传统银行业带来的除了机遇还有挑战。自 2013 年以来，阿里巴巴、腾讯、百度等互联网巨头，借助第三方支付或社交平台所积累的客户及数据资源，从余额理财切入，并拓展消费金融，乃至于发起设立民营银行，在实现快速发展的同时，对传统商业银行的冲击也日益显现。在这样的趋势下，商业银行明显加大了科技投入，在强化传统电子银行优势的基础上，积极介入互联网金融领域。值得注意的是，严格的监管以及长期以来所形成的规范、审慎甚至略显保守的经营行为和文化氛围使得传统银行在发展互联网金融时面临诸多挑战。

（二）电子商务推动了电子政务的发展

1998 年，联合国经济社会事务部把推进发展中国家政府信息化建设作为当年的工作重点，希望通过信息技术的应用改进政府组织，重组公共管理，最终实现办公自动化和信息资源的共享。利用信息技术来促进所有发展中国家的进步，其中最关键的步骤就是利用信息技术来改进政府，即实现“电子政府”。

我国“政府上网工程”在 1998 年年底已经全面启动，这项工程的宗旨就是构建我国的“电子政府”。为加强全社会对“政府上网工程”的重视，有关部委将 1999 年定为“中国政府上网年”，之后电子政务有了较大的发展。截止 2020 年 12 月，我国共有 14444 个政府网站，其中很多地方政府通过自建 APP 或微信、微博来进行信息发布、业务办理等相关事宜，为百姓提供更加便利和个性化的公共服务。随着信息化的不断提速，基层社区等相关部门的自建 APP、微博和微信账号将在电子政务大潮中发挥更加重要的功能。

除此以外，电子商务还在旅游、新闻出版、证券、房地产等领域发挥越来越重要的作用。

第三节 电子商务的现状与趋势

电子商务应用的第一个阶段称之为内容发布，这时大多数企业只是通过网络发布自己的产品信息，把互联网作为另一种向顾客提供信息的途径。这些宣传类的活动对于企业的营销当然会带来一定的好处，但是这些好处可能并不会对企业的收入带来太大的影响。第二个阶段是简单交易阶段，其创新主要体现在局部的集成和新型商务模式上。在这个阶段，企业允许客户进入公司的内部信息环境，如查询银行账户，通过电子交易购买产品等。在这个阶段，建立一个安全可靠的信息系统成为对企业的必然要求。此时，电子商务已经为企业带来了实际的成本节约。

电子商务下一个阶段的发展，将呈现出新的特色。在信息技术的帮助下，公司可以调整自己的业务流程，从根本上把企业改造成以客户为中心的模式。这类电子商务不再是局部的、前端的信息化，而是企业内部所有业务的完全整合，同时这种整合还可能是包含整个产业链中合作伙伴关系的整合，以便最终为用户提供完全整合的服务。在这个阶段，虽然商务的基本法则没有改变，但电子商务使得传统业务的完成速度和运营质量提高了几个甚至几十个数量级，这样企业可以更大幅地降低成本，更快地捕捉市场，并建立起长期、可持续赢利的商务模式。

一、透视电子商务的走向

（一）传统企业将成为电子商务的主体

纵观电子商务的发展过程：电子商务从 20 世纪 90 年代初、中期开始发展，至 90 年代末形成第一个高潮，但好景不长，由于炒作过度，到 1999 年下半年和 2000 年，电子商务热急剧降温，许多信息技术企业的股票价格急剧下跌，许多从事电子商务的企业严重亏损，有的甚至被淘汰出局。此后，电子商务发展又实现了逐步回升。

人们在 2000 年网络泡沫破灭后深刻体会到：企业，尤其是传统企业才是电子商务的主体。因而，电子商务发展到今天，必须有大量传统企业加盟，才能推动其走向高质量发展。

（二）进入电子商务市场的企业日趋多元化

从国际电子商务的发展来看，进入 B2B 市场的企业越来越多，主要有四种类型：一是传统的信息技术巨头。像微软公司，始终在准备积极参与电子商务领域，其他较早进入 B2B 领域的 IBM、Sun、Intel 等也纷纷加大投资。二是新兴互联网巨头。如 Yahoo、AOL、eBay、ShopNow、Beyond 和 Pricline 等。与传统信息技术企业不同，这些新兴互联网巨头凝聚了网上大部分人气，并且有足够的互联网经营经验。三是传统行业的跨国公司。通用汽车、杜邦公司等传统领域的巨头纷纷斥巨资进入电子商务领域，希望通过 B2B 平台优化、改造其原有的价值链，以创造互联网时代新的竞争优势。四是现有的 B2B 电子商务公司。面对各种各样的公司纷纷涌向 B2B 市场，Ariba 和 Commerce One 等这一领域的先行者也不甘示弱，纷纷表示将凭借他们已经建立起来的技术优势和经验与后来的竞争者抗衡。

（三）电子商务在各个产业的应用程度不同

电子商务给不同行业所带来的机会大不相同，其不仅向各个产业渗透的顺序不一样，而且使各产业获得的收益也不尽相同。有研究表明，计算机和通信设备生产厂商特别适合采用电子商务模式。

二、客户服务的趋势——电子商务带来更快捷、更方便的服务

（一）快捷的服务

享受快速的服务是客户选择商家时考虑的一个重要因素。如果一个商家不能满足客户对服务速度的要求，必然有其他的商家能满足这种要求，进而与之抢夺客户。为了争夺并维护客户，企业必须减少客户搜索产品、选择产品、确立订单和售后服务等的处理时间。任何一个环节的迟缓，将导致整个客户服务的延缓。通常服务时间的延迟是大量的手工传递作业导致的。例如，对于一个产品制造商而言，每一个订单可能被多次输入到订货系统：第一次，输入客户订购的产品规格要求，并打印出来以备检验是否按照订单进行了生产；然后根据合同制订配送计划。第二次，将相关信息输入到商业运作系统中验证是否有能力生产该类型产品。第三次，将信息输入到产品制造系统中去验证生产计划。这种重复的劳动和支离破碎的信息系统导致了服务的延迟。因此，必须构建一体化的、集成的信息系统，满足几乎整个商业运作，从接受订单、审核订单有效性、订单传递，到库存要求的传递、更新库存信息、更新账目信息、要求补充存货等。在日趋激烈的竞争环境下，为了满足日益挑剔的客户，商家只有革新其商务运作的模式才可能生存和发展，这就要借助电子商务来缩减客户服务等待的时间。因此，快速的客户服务将是电子商务的一个重要趋势。

（二）自助服务

自助服务将成为电子商务发展的另一个趋势，在房地产、保险业、旅游业、汽车购买业、拍卖（买）以及零售业等行业中，客户和商家将通过网络完成商业过程，人工干预很少。此外，值得一提的是自助服务在售后服务中大有作为。客户将面对一天 24 小时、一周 7 天开通的自助服务系统，通过该系统，客户可以查询到公司信息、产品信息、订单信息以及获得一定的技术支持，减少了人工干预，使服务更加方便和快捷。例如，客户可以在惠普公司的网站里下载最新的产品驱动程序、产品使用手册，并可以通过填写表单的形式获得技术支持。在线自助旅游业也将成为很有前景的一个行业，客户通过旅游预订系统，浏览网页了解全世界各个旅游景点，选择旅游路线、预订交通工具以及饮食住所等，降低了旅行成本，极大地方便了客户。例如“九寨沟旅游电子商务系统”就利用信息化、网络化的手段将传统业务进行整理、优化，同时衍生出原有环境下无法产生的许多新业务、新服务。旅游者通过该系统能获得各种个性化服务，甚至可以通过虚拟现实技术在网上如身临其境般看到景区名胜，以及入住酒店的情况等。

（三）集成化的服务

方便、快捷、个性化服务是新的商业模式下客户服务的基本特征，为了达到这些要求，客户面对的电子商务系统必须是集成的、一体化的。这种集成和一体不仅仅是功能上的集成，还包括内容数据上的全面。功能上的集成是指客户可以通过电子商务系统来完成一系列相关的功能，例如网上拍卖系统，客户可以通过相应系统输入拍卖产品的资料（包括照片和文字等资料），可以查询到历史上该产品的一般定价，可以设定拍卖起止时间并随时获知买家信息和最新的价格,可以通过在线聊天和电子邮件的形式和买家商量具体事宜等。所有相关的功能都集成在该系统中。内容的全面是指数据资料的全面性，用户通过一个系统就可以在最大范围内进行资料和信息的查找匹配。以在线自助旅游系统为例，用户只需要访问该系统就可以查找到所有旅行社的旅行线路情况。另外，搜索库应该尽可能地全面和丰富，这样用户不需要为了查找产品和数据从一个系统跳到另一个系统，可使用户得到最大数据量和最方便的服务。

三、企业趋势——电子商务成为企业发展的新动力

（一）更好服务，改进客户关系

争取和保持客户对大多数商家来说是首要考虑的因素。在产品质量和服务项目基本一致的情况下，客户对产品和服务的质量与个性化要求就变成其选择产品的决定性因素了，因此采用新技术、为每个客户定制商品和服务将成为企业新的利益增长点。这样，销售和服务将不再是分割的功能模块。相反，它们已经成为互相促进、紧密联系的整体。这意味

着企业要在提供产品之前，就提供快捷方便的服务帮助客户搜索商品，做出决策；在提供售后服务的同时，促进新的购买倾向。

（二）逃离信息孤岛，走向应用集成

据 META Group 的统计，一家典型的大型企业平均拥有 49 个应用系统。这些应用系统包括计算机集成制造系统（CIMS）、企业资源计划（ERP）、供应链管理系统（SCM）、客户关系管理系统（CRM）和商务智能及决策支持系统等。各个部门运行不同的系统，导致数据缺乏一致性，信息集成化程度不高，系统间信息传递缓慢，安全性得不到保证等，从而形成信息孤岛，给企业造成难以估计的损失。

而电子商务要求与供应商、合作伙伴，当然还包括与客户之间具有更高程度的系统集成、协调和协作。这些电子商务的交易各方都各自具有它们特定的需求、专门技术以及计算技术。将企业核心应用和新的互联网解决方案结合在一起还不能说完成了电子商务的构建，而必须能够使这些系统协调地工作才行。如用户通过互联网订购一个产品时，该产品需要被包装发货，用户需要付款，产品库存信息需要进行修改更新，原材料或新的备件需要被及时订购。这些电子商务过程的实现，是新的基于 Web 的系统和现有的在企业中运行的后台应用系统之间的集成结果。

（三）实施知识管理，管理隐性知识

对于企业来说，知识管理能帮助企业解决很多实际的问题。除了通常所说的把显性的知识收集、保存和整理起来，为企业的管理和决策服务以外，更为重要的是知识管理能把存在于人脑中的、难以表述的知识也以某种方式留存。通俗地说，知识管理强调通过将隐性知识沉积在制度及操作层面，创造有利于隐性知识传递的环境条件，实现知识共享，避免“财随人走”的风险。

知识管理要求将企业的隐性知识显性化，而对知识特征的描述一直是人工智能发展的瓶颈，神经元支撑网络等概念依然没有得到真正的发展。因此，如何有效构架知识库、如何设计知识管理产品是相当富有挑战性的难题。

（四）选择外包，提高核心竞争力

为了专注于企业自身的核心业务，提高企业核心竞争力，越来越多的企业选择外包而不是自己建设信息技术基础设施。电子外包包括 Web 托管、存储托管、应用服务外包等。

为电子外包提供的电子商务运营维护服务非常全面，它是一个包括网络架构、数据处理、企业应用程序运营维护管理等方面在内的“全面”服务，其内容涵盖了从行业战略层面的商务战略咨询和托管服务，到企业管理层的电子交易、电子协同、客户关系管理、供应链管理、企业资源规划、商务信息咨询等全方位应用系统管理服务。当然，还包括信息技术系统的设计、实现和后期的维护服务。

四、网上政府的趋势——电子政务带来什么

2002 年 6 月，在华盛顿召开的“全球电子政务大会”上，作为“数字北京”重要组成部分的中关村海淀园“数字园区”得到与会者的一致关注和好评。世界银行的官员更是评价“北京电子政务走到了世界发达国家的前面”。那么什么是“数字园区”？电子政务究竟能带给人们什么？海淀园的“数字园区”是基于互联网平台、面向公众的交互式电子政务系统。该工程的重点是建立交互式、开放式、集成的网上办公环境，可以集中处理多项政府管理及服务项目的办公问题，并通过一套报表在政府各个部门之间实现数据共享。

电子政务的实施有助于打破时间、空间和部门分隔的制约，将政府机构管理和服务职能，由传统手工、纸面、封闭的运作方式转换为自动、电子、开放的方式，并在网络上加以实现，极大地提高政府管理工作的效率和质量，增大决策的透明度，是政府管理方式和手段的革命。

“物质生活的生产方式制约着整个社会生活、政治生活和精神生活的过程……随着经济基础的变更，全部庞大的上层建筑也或快或慢地发生变革。”马克思在《政治经济学批判》的序言中说过的这段话，可以让人们清楚地知道，电子政务风潮在全世界范围内的广泛兴起，其本质是人类社会进入信息时代之后，作为上层建筑的国家政权为适应经济发展的需要，以及更有效地行使职能所必须进行的一种行政程序革新措施。当今世界开始进入电子政务时代，马克思所说的那种“或快或慢”的变革正在逐步发生，但就目前而言，电子政务能够改变的只是行政的流程和方法，但无论如何，电子政务都将是各国政府不得不面对的新趋势。

五、电子商务发展的前沿技术

（一）栅格技术

1. 栅格技术的含义

栅格运算源自电力供应网（Power Grid）这一术语。电力供应网的意思是根据用户的需要供应电力，而消费者只需支付自己所使用的那部分电费。与此类似，在电脑的处理性能方面，栅格运算是指通过有效地调整位于全球不同地区的应用程序和资源，增强网络服务的能力，使得众多用户可在大范围的网络上共享处理能力、文件以及应用软件，而无需在意具体的执行和服务过程。栅格运算提供了一个可靠的、动态的、全面的基础设施，集成了超越地区及组织界限的资源、应用程序和服务，从而构建了网络服务的范围，使网络回归了本性。栅格主要由节点、数据库、贵重仪器、可视化设备、宽带骨干及栅格软件等六部分组成。

专家认为，栅格技术是现代高科技发展的必然产物，从生物领域的后基因序列计划的解读，到高能物理领域更深层次物质结构的研究，乃至于哈勃望远镜所获取的大量宇宙资

料，以及气象、地震预报预测，种种重大科学领域的运算问题，均促成科学家利用遍布全球的计算机资源，通过高速网络共同解决运算问题。

2. 栅格技术的应用

互联网的出现其实是计算机资源扩展的需要。而栅格技术的发展是互联网进一步发展的需要，构建在其基础之上的电子商务必然迎来自己的栅格商务时代。

过去，互联网主要提供电子邮件、网页浏览等通信功能，而栅格技术提供的功能则更多、更强，能提供共享运算、存储和其他包括通信、软件、硬件及知识等资源。栅格电子商务将带给企业最优化的资源配置、新型的商业模型和改进的管理模型，可以帮助企业创建虚拟组织等。

使用栅格技术，采用外包方式，企业可以专注核心业务，降低成本，提高服务。例如，利用栅格运算，芯片设计商可将原来需耗时数星期的设计任务，缩短在数小时内完成，从而将产品的面市时间提前。同样，汽车制造商亦可利用栅格进行模型的仿真测试，从而取代原来的电路测试和风洞试验，降低产品的设计成本。而在金融业，栅格技术将在风险控制等方面发挥巨大作用。至于基因工程领域，栅格将是药物分子仿真、药物研究、基因测序等应用的最理想工具。

尽管栅格技术还远不如 Internet 和 Web 技术那么成熟，但却已有部分公司和研究所进入了使用或试验阶段。美国能源部的山地亚国家实验室、美国国防部与欧洲能源机构等都已先后开始采用栅格技术。论及栅格的应用范围，放眼国内诸多领域，如能源、交通、气象、水利、农林、教育、环保等都对高性能运算栅格及信息栅格的需求有迫切的要求。目前由于国内各领域研究资料零碎分散于各处，共享困难且利用率低，将来若将此类资料透过栅格共享，就可发挥最大的综合效果。

3. 发展栅格商务的领头羊——IBM 公司

美国 IBM 公司很早就开始进行栅格技术的商用开发。该公司确立了名为 Grid Computing Initiative 的项目，准备探索栅格在企业中的应用问题。Grid Computing Initiative 项目的目的是在客户企业需要时构筑必要的处理系统。该项目从技术角度看可分为两个侧面，一是对等网络（P2P），另一个就是分时（Time Sharing）技术。对 IBM 而言，该开发设想可以说是基于开拓国防部和情报机构等潜在的巨大市场，实现大量销售硬件的企业战略。而从长期来看，IBM 可以通过这一项目构筑起高速度的研发基础设施，不仅是以前的外包业务，就是 Web 服务等更大范围的项目也都可以使用。即使对于纯粹需要计算能力的用户（研究机构、设计及从事电影和电视特殊效果制作的人员），这也将是非常有用的。

此外，IBM 在美国的伊利诺伊大学和圣地亚哥大学的超级运算中心以及美国阿贡国家实验室之间构建了分布式万亿级别的栅格运算系统（Distributed Teras-cale Facility）。该系统具有超级的处理性能，每秒能完成 13.5 万亿次操作，存储能力接近 700 万亿字节。该系统是目前欧洲最大的巨型计算机运算能力的 7 倍。可以想象，该系统一旦正式投入商业运转，将带来的巨大的商业革命。

（二）移动电子商务

1. 移动互联网成为新热点

建设新一代安全、高效的互联网，除了进一步提高地面网络的传输能力和健壮性外，离不开强大的空中移动互联网的支持和补充。

传统的互联网，是以点对点通信为基础构建的，网络节点之间进行通信对线路要求很高。随着网上传输的数据量不断增多，人们对信息的需求更加多样化，这种通信方式远远不能满足电子商务发展对其的要求。同时，互联网上的信息传输并不都是点对点的，相当数量的信息是从一个源发给多个接收者的，即信息广播或多播，这些信息如果利用点对点网络来传输，就会极大地浪费网络资源，降低网络的使用效率。

随着数字技术与网络技术的结合，计算机与通信的融合，以及互联网与移动通信的融合发展，全球移动无线互联网及其应用得到了高速发展。移动电话和互联网成为当今信息业发展的两个热点，这两者的融合产生了新的增长点，即移动互联网。它采用网际互联协议 IP，实现异质网间的互联互通，并为今后异质网的融合，特别是异质网间业务与应用的融合提供了重要的技术基础。

2. 移动互联网引发移动商务

越来越大的市场竞争压力促使商家寻求一切可以增加销售、提高服务水平、提高效率，同时缩减成本的途径来帮助企业获得更多市场份额和更高利润。这是推动企业不断寻求高科技手段来提高竞争力的原动力。正如互联网技术的发展与应用对传统商务模式造成了巨大的影响与变革，移动互联网的发展也为企业提供了更多的可能，为用户便捷、快速地获取信息提供了多样化的选择，并且提高了商务处理的能力。

在已经先行一步成功运用移动商务的企业身上，可以清楚地看到移动商务带给企业巨大的利益：增强渠道控制和销售管理；提高客户服务水平，减少响应时间；降低通信成本和减少通信所需时间；提高员工士气和工作效率；减少差旅费用；减少设备成本。

移动商务可以提高人们生活的质量，提高企业的核心竞争力。而且移动商务只需在先前的电子商务的投资基础上进行构建，原先在企业内各孤立部门内的业务、功能加以自动化和集成化，便能使一些早先配置了的技术在新领域进行逻辑延伸。移动领域的突飞猛进将会给电子商务带来新的血液、新的希望和新的起点。

3. 移动商务的美好明天

未来的移动商务是由手机、笔记本电脑等移动通信设备与无线上网技术结合所构成的一个电子商务体系，它的内涵已经不再是仅仅提供信息接入设备以及服务那么简单，而是要通过更丰富的移动互联网接入，提供有效的解决方案，解决实际的商务应用问题。移动商务应用的发展，将基于移动设备的行业应用软件，最终将与企业或行政部门等各类组织自身的信息管理系统建设实现紧密结合，形成二级或三级结构的移动商务系统，这样的系统将具有以下特点：

①以手机等移动设备结合移动应用软件构成的移动信息终端为基础；

②系统结构反映单位的管理结构和业务特点，符合其工作对移动数据管理和数据流向的基本要求；

③来自移动信息终端的第一手数据能够及时、准确地反映业务进展状况，为管理决策提供有效的支持。

这样的移动商务系统将更加切合各行业的实际工作情况，将信息化从固定的部门级推进到移动的个人级，是对传统商务系统的扩展性变革，在未来的信息系统建设中必将成为主流。

移动商务将会彻底改变我们的生活和交流方式。就目前来看，只要拥有一部无线设备，就等于拥有了一切工具，在自动售货机前，不用费力气寻找硬币，只要用手机发一个信号，一切就尽在掌握之中。它的应用还远不止于此，在教育、金融、健康、旅游以及零售业、制造业等各个领域都有广泛的应用前景。在美国，超过 100 万的汽车配备了卫星跟踪及通信设备，其中多数配备了 On Star——提供包括气囊展开自动提示、被盗汽车跟踪、应急服务、远程解锁等功能的系统。在我国，越来越多的家用电器、汽车等常用工具开始提供智能化服务，这些都是移动商务的基础。

（三）流媒体与中间件

1. 流媒体

近年来，为解决文件下载时间过长的问题，适应网络多媒体化的发展趋势，一种新兴技术应运而生，这就是遵守特定网络协议的流媒体技术。流媒体是指采用流式传输方式在互联网上播放的媒体格式，包括音频、视频等多媒体文件。和常规视频媒体不同，流媒体可边下载边播放。以宽带为基础，流媒体不仅可以进行单向的视频点播，还能够提供真正互动的视频节目，如互动游戏等。

流媒体技术可广泛用于网上新闻发布、在线直播、网络广告、远程教育、实时视频会议等。作为新一代互联网的标志，宽带流媒体使传统互联网从只能表现文字和图片变为了集音频、视频及图文于一体。流媒体将成为未来互联网应用的主流，并将推动其整体架构的革新。

2. 中间件

如果没有中间件，在世界范围内掀起的电子商务浪潮绝不会发展到今天如火如荼的局面。从应用的角度来看，电子商务网络应用体系中各种现有应用的不断扩充和新应用形式的不断增加，迫使企业的 IT 部门解决越来越多的需求。尤其是对分布式网络应用的需求，诸如不同硬件平台、不同的网络环境、不同的数据库系统之间相互操作等。这些需求只靠传统的系统软件或Web工具软件提供的功能已经不能满足，作为电子商务网络应用体系的中间平台也就应运而生。一般来说，电子商务应用服务器、通用业务网关、支付网关、通信平台和安全平台都属于该范畴的产品。

电子商务应用服务器的作用是让网络应用的开发、部署、管理变得更加容易，涉及的技术包括EJB、CORBA、DCOM、IIOP、XML等。主要功能是提供在服务器端的分布式应用的部署，包括对象生命周期管理、线程管理、状态管理、安全管理等，数据源连接访问管理、交易管理等，大规模并发网络用户管理、均衡负载、容错等，与现有系统的无缝连接等。

通信平台作用是建立与维护底层数据通道。在功能上，通信平台提供了一种灵活、可靠的方式，把数据从一个商业伙伴发送给另一个商业伙伴，或者把数据从不同的源发地采集到一起或转发，包含了同步或异步传输、通信服务、数据标记、加密、队列和监控等。

安全平台是建立在一系列相关国际标准之上的、以公钥算法为核心的一个开放式安全应用开发平台。基于安全平台可以开发、构造各种安全产品或安全应用系统，如用于文件加解密的安全工具、安全网关、公证系统、虚拟专网（VPN）及其他的需加强安全机制的用户应用系统。安全平台除了内核的管理模块外，同时向上为应用系统提供开发接口，向下提供统一的密码算法接口及各种IC卡、安全芯片等设备的驱动接口。

六、电子商务是历史发展的必然趋势

（一）新一代电子商务

初级的电子商务只是企业建立静态网站、构建产品信息库、搭建网站前端与后端、订单管理与存货控制系统之间的连接。面对全球竞争的压力，企业将从初级的电子商务模式发展成为新一代的电子商务——为客户量身定制产品及服务。换言之，电子商务模式将从以厂商为中心的营运导向，转向以客户为中心的需求导向。这使得客户能够直接从一个公司的网站发出和追踪订单，并在订购过程中享有更多个性化服务和拥有更多的控制权。在下一代电子商务中，企业将能透过网际网络技术以电子化形式实时地管理其国内外供货商的业务交流，从而为客户提供素质更佳的定制化产品及服务。

新一代电子商务将会给老产品以新的形式，或者提供新产品、新市场以及新的销售渠道，并将彻底地转变顾客和供应商之间的关系，而不只是改善他们之间的关系。具体来说，电子商务将提供人性化、柔性化、快捷和高效的服务。

1. 电子商务的个性化

电子商务个性化是指电子商务企业向客户提供个性化的服务。主要包括三方面的内容：一是需求的个性化定制。由于自身条件的不同，客户对商品和服务的需求也不尽相同，因此如何及时了解客户的个性化需求是企业的首要任务。二是信息的个性化定制。互联网为个性化定制信息提供了可能，也预示着巨大的商机。华尔街时报推出的个人电子报纸就是一个例子。互联网最大的特点是实时、互动，随着网络互动电视的发展，消费者不仅可以实现电视点播，而且还会促使个人参与到节目的创意、制作过程。三是对个性化商品的设计与制造。一些技术含量高的大型商品，消费者不再只是被动地接受，商家也不仅仅是提供多样化的选择范围，消费者可以将个人的偏好渗透到商品的设计和制造过程中去。

个性化服务在电子商务中的地位将越来越高，将会成为电子商务新的突破口。过去个性化服务是比较浅层次的，因为客户的购买记录太少，无法积累足够的数据。然而如今许多 B2C 网站动辄拥有上百万的用户，每天拥有上万张订单，可以为客户提供有经济价值的个性化服务。但这样的个性化服务分析必须是商业的分析，在传统经济分析中人们发现尿布的销售量与啤酒的销售量有关，而现在的 B2C 正要引进与此类似的许多传统商业领域的规律。如，自从有了连锁店后就有人研究 POS 机应该摆放在客户的左边还是右边，最后将其发展成一门专门的学问。网络上虽然没有 POS 机，但也存在着类似的消费习惯，因此互联网需要找到自己的商业规律，每一个规律的发现都会使 B2C 向前走一大步。

2. 电子商务的柔性化

柔性化是在生产领域坚持“以顾客为中心”的理念，但需要真正做到柔性化，即真正地根据消费者需求的变化来灵活调节生产工艺，没有配套的柔性化的物流系统是不可能达到目的的。20 世纪 90 年代，国际生产领域纷纷推出柔性制造系统（FMS）、计算机集成制造系统（CIMS）、制造资源规划（MRP-II）、企业资源规划（ERP）以及供应链管理（SCM）的概念和技术，这些概念和技术的实质是要将生产、流通进行集成，根据需求端的需求组织生产，安排物流活动。因此，柔性化的物流正是适合生产、流通与消费的需求而发展起来的一种新型物流模式。这就要求物流配送中心要根据消费需求“多品种、小批量、多批次、短周期”的特点，灵活组织和实施物流作业。

3. 电子商务的便捷化

借助栅格技术和移动互联技术，电子商务将以其快捷、高效方便的特性带给人们无微不至的服务，使人们突破时空的限制，无论处于何时何地，总能快速方便地访问到有用的信息。用户将能迅速安全地存取和即时交互访问互联网和公司内部网，收集、处理各种信息：用户可以在互联网上查询航班时刻表、天气预报、股票行情、比赛比分和综合新闻等信息；用户可以在任何地方进行一切电子商务活动。可以这样说，互联网将发展到世界的每一个角落，融入人们的生活中去，改变人们的生活状态。电子商务的应用领域和发展空间将扩大到无限，并将克服现代商务时间、空间上的局限性，给人们带来无法想象的便利。

（二）电子商务大趋势

1. 电子商务带来的巨大机遇

由于电子商务的出现，传统的经营模式和经营理念将发生巨大的变化。电子商务将会创造巨大的效益和机会，会将市场的空间形态、时间形态和虚拟形态结合起来，将物流、现金流、信息流汇集成开放的、良性循环的环路，使经营者以市场为纽带，在市场上发挥最佳的作用，得到最大的效益。可以肯定，电子商务的发展会带给人们一个经济更加繁荣的时代。电子商务的发展，不仅将有力地推动互联网的发展，而且将对社会的进步和经济的变革产生深远影响。更重要的是它本身的发展和成熟为人们提供了许许多多的机会。对于传统商业来说，却要面临一场新的革命，原有的商业格局有可能重组，商业企业和商业流通将出现变革，在变革过程中，有可能消除原有的差距，使大家站在同一起跑线上。尤其是对于发展中的中国商业来说，通过电子商务实现飞跃是难得的机遇。

电子商务给中国企业提供了千载难逢的历史机遇。中国的商用互联网建设比国外只晚了两三年，无论美国还是中国，在新的信息产业革命中都面临着同样的挑战，机会是相对平等的。而中国的经济改革实际上面临着双重挑战。第一，中国还不具备工业文明所要求的一些特征，如规模、质量与资本的积累；第二，信息经济不以人的意志为转移。美国是一步步从工业经济走向信息经济的，而中国一方面要完成工业经济的建设，建成世界上最有规模、最有质量、最有资本竞争力的现代工业体系；另一方面，中国的企业要成为真正有国际竞争力的企业，必须面对追求效率、标准与智慧的信息经济的挑战。

2. 电子商务是历史发展的必然

电子商务经过十几年的发展，在世界上经济发达的国家里已经生根、发芽，并开始结出丰硕的果实。企业家们不断利用先进文明带来的科学技术，为人们营造着越来越广阔的电子空间，在人们感受到由此带来的种种便捷和愉快的同时，也勾画出企业新时代的发展蓝图，酝酿着信息时代的经济腾飞。在中国，电子商务虽说已经取得了众多突破性的成果，但还处于一个“一小部分人关心、大部分人观望”的状态，因为深谙中庸之道的人从不轻易去干任何被他们认为是冒险的事，但是电子商务的确是一场革命，是一场可以扭转乾坤的革命。

从诸多层面来看，电子商务为人们创造了崭新的市场机会。在机会面前，谁把握得及时，谁就能成功。那么也可以预见，在未来的几年中，基于电子商务的产品和技术一定会非常明显地占据市场。相应的，能及时调整方向，基于电子商务进行投资和进行产品技术开发的企业也许能走出市场低谷，找到新的生存基点。考虑到中国美好的经济前景、巨大的贸易额以及辽阔的疆域，电子商务在中国的前景无限，它必将在中国发展壮大并有力地推动中国经济的迅猛发展。这是一个不可逆转的大趋势。

任何新事物都代表着一种趋势，那些符合人类进步的趋势必然会得到大家的认同。电子商务就是这样一种事物，它改变着人类交往的方式，为人们展示了一个全新、璀璨的世界。开展电子商务是一种国际大趋势，在未来全球竞争面前，一个企业如果跟不上，就无法生存下去；一个国家如果跟不上，将会被越落越远。

第四节　电子商务与供应链的关系

一、供应链管理的概念

许多年来，一些企业为了更好地实施内部管理与控制，一直采取“纵向一体化（Vertical Integration）”的管理模式。即企业除了建立具有竞争优势的核心企业外，还对为其提供原材料、半成品或零部件的其他企业采取投资自建、投资控股或兼并等管理模式。企业推行“纵向一体化”的目的是加强核心企业对原材料供应、产品制造、分销和销售全过程的控制，使企业能够实现产、供、销的自给自足，减小外来因素的影响，在市场竞争中掌握主动。在市场环境相对稳定的条件下，“纵向一体化”的管理模式发挥了一定的作用。但是，随着信息技术的飞速发展，经济全球化市场的形成，消费者的个性化需求不断提高，企业之间的竞争日益激烈。在这种市场环境下，“纵向一体化”管理模式的弊端逐渐暴露出来。为了满足这种自给自足的状况，企业将大量的资金、精力与时间投入到自己并不擅长的非核心领域中，不仅要在每一个纵向市场与其他企业进行竞争，而且一旦在某一纵向环境中出现问题，将会影响整个企业。因此，“纵向一体化”的管理模式已经很难在当今市场竞争环境下获得所期望的利润，这迫使企业面对变化迅速且无法预测的市场不得不采取许多先进的制造技术与管理方法，企业的管理理念也随之发生了重大的变革，从多年来一直奉行的“纵向一体化”转向了“横向一体化（Horizontal Integration）”。“横向一体化”的核心思想是注重企业核心竞争力，即企业只需注重自己的核心业务，充分发挥核心竞争优势，将非核心业务交由其他企业完成，实施业务外包，最大限度地取得竞争优势。而供应链管理正是“横向一体化”具有代表性的管理模式。

“横向一体化”的管理理念形成了一条从供应商到制造商，再到批发商，贯穿所有节点企业的“链”。由于相邻节点企业表现出一种需求与供应的关系，当把所有相邻企业依次连接起来便形成了供应链。这条链上的节点企业必须达到同步、协调运行，才可能使链上的所有企业都能受益，这就是供应链管理的经营与运用模式。比较典型的供应链管理的概念有这样两种。国外比较有代表性的定义是，供应链管理是在满足服务水平需要的同时，为使系统成本最小而采用的把供应商、制造商、仓库和商店有效地结合成一体来生产商品，并把正确数量的商品在正确的时间送到正确地点的一套方法。国内比较有代表性的是华中理工大学的马士华教授的定义，他认为供应链管理是一种集成的管理思想和方法，它把供应链上的各个企业作为不可分割的一个整体，使供应链上各企业分担的采购、生产、库存、运输和销售的职能成为五个协调发展的有机体。这两个概念都体现了整体性、系统性的观点，这也说明在现代经济全球化和信息技术环境下供应链管理是发展的必然趋势。

供应链管理是一项系统工程，它的实施需要考虑多方面的因素，遵循系统工程方法论的基本原则协调各种目标之间的平衡。如降低库存成本与提高用户满意程度的平衡，供应链中不同成员不同的、相互冲突的目标的平衡，各种信息在供应链企业中的共享问题，供应链企业之间的战略合作伙伴关系问题等，这就需要采用系统管理理论、量化的数学模型及交叉学科和技术领域的相关方法并加以综合运用。作为大多数公司的现代企业管理的主流，供应链管理受到高级管理层的普遍重视。供应链最优化的主要目的是通过降低经营成本、提高产品和服务质量的方式来改进物流和分销活动，乃至整个供应链的表现水平，从而达到提高企业整体盈利的目的。供应链最优化最初限于如何通过作业计划来实现降低经营成本，但是如今供应链管理已经发展成为一个成熟的企业改造项目，它包括接受订单、采购原材料、指导最终消费、提高服务反应速度和产品的再循环利用等多个方面。

随着供应链重要性的不断加深，那些致力于供应链管理的企业又发现了一些新的管理目标。例如，提高产品附加值，提高客户满意度等。当公司收益得到回报时，企业便把管理目标集中到供应链最优化成本和收益上面，并将其作为一种必要手段，来谋求创造更好的总体企业价值。在实现最终目标——最大限度地利用企业的总体资源——的过程中，企业不断地实现最优化，这也是所有供应链最优化活动的核心目标。

随着最优化活动的进一步开展，企业必须得到企业外部经营伙伴的支持。这也就要求外部伙伴必须对供应链具有一定的了解。当产业链上的所有公司都发现自己所采取的供应链最优化产生了巨大价值时，这些企业便会自然而然地与受益于这个供应链的其他商业伙伴共享。每个企业通常都会有很多的合作伙伴——供应商、分销商和客户公司等，只有通过与这些伙伴共同进步，企业才能够取得进一步的发展。在以后的发展过程中，企业便开始由从整个供应网络中共享最好的想法和实践转变为组成一个新的互动网络，企业之间将致力于寻找一种更有效的方式来共同成长，从而使整个供应链网络都获得更快的成长。

我们通过讨论供应链的最优化发现了提升供应链上各家企业效益的方法，那么什么是供应链呢？所谓供应链是指由产品生产和流通过程中所涉及的原材料供应商、生产商、批发商、零售商以及最终消费者组成的供需网络。即由物料获取、物料加工、制成商品并送到最终客户手中这一过程所涉及的企业和企业部门组成的一个网络，既可以是企业内部供应链，又可以是企业外部供应链。

内部供应链是指由企业内部的产品生产和流通过程中所涉及的采购部门、生产部门、仓储部门、销售部门等组成的供需网络。而外部供应链则是指由企业外部与企业相关的产品生产和流通过程中涉及的原材料供应商、生产厂商、储运商、批发商、零售商以及最终消费者组成的供需网络。内部供应链和外部供应链共同组成企业产品从原材料到成品再到消费者的供应网络。也可以把企业内部供应链称之为外部供应链的子链或其中的一段。

什么是供应链管理呢？供应链管理是企业与企业贸易伙伴追求共同经济利益最大化的企业管理方式及手段。有人将供应链管理描述为：供应链管理指的是那些能够不断改进整个组织流程，包括产品设计、服务设计、销售预测、原材料采购、库存管理、生产制造、物流管理、客户管理等的管理方法、管理方式和管理系统。其管理主要内容包括从供应商到客户和消费者之间的产品、服务和信息的最优化创建和配送。它是在细分市场提高企业竞争力的一种手段。

供应链管理不同于我国改革开放以前的社会分工和计划管理，是一种在现代科学技术支持下的现代化企业管理理念。它是在社会产品相当丰富、社会分工十分详细、商品流通极其发达和信息环境及其通畅的大社会背景下的工业管理认同。供应链管理涉及行业管理、企业管理、生产管理、物流管理、财务管理和信息管理等方方面面。我国专家在引进供应链管理理念以后，把供应链管理结合我国的经济社会背景，进行了新的定义：在人们认识和掌握供应链各环节内在规律和相互联系的基础上，应用企业管理的计划、组织、协调、监控和激励等职能，对产品生产和流通过程中的各个环节所涉及的物质流、资金流、信息流、业务流进行的优化管理和调控，以期获得通过最佳组合，以最小的经营成本和最大的经济效益为客户提供最优质的服务。

那么什么是供应链管理目标？供应链管理也可称为供应链的最优化管理。其主要目标是通过降低整体成本，并提高生产和服务质量的方式来改进生产、物流和分销活动，乃至整个供应链的表现水平，从而达到增加企业盈利水平的目的。供应链管理的核心思想应以客户为中心，以共享利益和共担风险为贸易合作原则，应用电子商务技术（Web、EDI、Barcode、POS、GPS 等）实现企业经营管理的目标。供应链管理的具体目标是：

· 根据市场需求的扩大，提供完整的产品组合；

· 根据市场需求的多样化，缩短从生产到消费的周期；

· 根据市场需求的不确定性，缩短供给市场与消费市场的距离；

· 通过供应链中的各项资源运作效率的提升，降低物流成本，赋予经营者更大的能力来适应市场的变化并及时做出反应，从而做到物尽其用、货畅其流。

二、供应链管理的内容

供应链最优化管理的研究内容之一就是如何决定生产、储存等设施的具体位置，这些决定将在相当长的时间内影响供应链管理的成效。例如经营一个零售超市，经营者应考虑如何更快、更多地与顾客互动，所以最好把零售超市开在车水马龙的人口稠密区。如果经营的是一个大规模的机械制造企业，那么经营者应该更倾向于把工厂和仓库建立在远离大城市而接近原材料产地和获取能源方便的区域。再举个例子，如果经营一个电厂或煤气公司，那么经营者会千方百计地关注工厂和各级泵站建设的地理位置。因此供应链管理的设计涉及生产能力、制造和库存管理等诸多因素。生产能力过剩，将导致企业产品积压、设备闲置等降低企业效益的负面效应。但从另一个角度来看，充足的生产能力可以增强企业应对市场需求变化的能力。所以，像家用电器、啤酒饮料等一些市场波动影响较大的行业，总会有意预留一些相对过剩的生产能力，以应付市场需求的高峰。同时，企业供应链的管理者也需要就公司内部的基本制造流程和库存管理模式提出总体规划。

供应链的最优化管理还要求企业必须得到企业外部经营伙伴的支持，即要求外部经营伙伴也必须对该企业的供应链管理有一定的理解。当企业发现自己经营的供应链管理产生巨大价值时，便会很自然地将利润与整个供应链的其他伙伴共享。只有与经营伙伴的共同进步、共同营利，企业才能取得进一步的发展。供应链是生产社会化和信息化的现代产物，是以新的生产组成方式、新的商品流通方式和新的商品营销方式存在的。它突出了市场的组织与分工优势、经营的规模与灵活优势等新的现代社会特征。电子商务将供应链上的各个参与方连接为一个整体，实现了供应链的信息化管理。电子商务与供应链管理构成了密不可分和相辅相成的互补的企业竞争手段。

供应链管理内容与传统的库存或运输管理有着很大的不同。首先是各企业要将供应链管理看成一个整体，而不是由采购、制造批发和零售等部门构成的一些分割的功能块。其次是企业要坚持“供应”是整个供应链上各个部门共同目标的观念，这对整个供应链上的运营成本及供应链的市场份额有着重大的影响。再次是供应链管理理论对库存管理有着不同的解释。不管是零库存，还是满库存，都要依供应链系统的需求而定，因为库存是平衡整个供应链性能表现的一个手段。最后是供应链管理要求采用系统的、集成化的管理方法来统筹整个供应链的各个功能，为了确保整个供应链的整体目标，高层管理采取一些办法消除供应链内各个企业、各个环节、各个部门之间的目标冲突是十分重要的。

供应链管理的实现是把供应商、生产厂家、分销商、零售商等在一条链上的所有环节都联系在一起进行优化，使生产资料以最快的速度通过生产和分销环节变成增值的商品，并将送达有消费需求的消费者手中。这样使得社会资源达到优化配置，也减少了社会库存和降低了社会成本，更重要的是通过信息平台和组织网络实现了生产及销售的有效连接和物流、信息流、资金流的合理流动。

供应链管理包括采购计划、生产计划、库存计划和运输计划等，涵盖从几周到几个月的供应链管理决策。其目标是要在既定的供应链构架下，合理安排物流，从而使供应链为企业提供最大效益。供应链计划是以市场预测为基础，并考虑实际运作中的不确定性，为企业的中期决策提供依据。生产计划基于企业生产能力，决定既定生产设施间的具体物流。库存计划决定原料、半成品和成品库存的数量、位置和策略。运输计划决定现有企业设施以及供应商、客户之间原料、成品的运输途径、方式、数量等参量。供应链管理的实施是指企业日常的供应链决策，如原材料供应管理、生产时序与计划管理、运输车队运输计划与库存实施控制管理等。企业对每一张订单、每一件任务进行操作，在供应链最优化管理的战略和计划的基础上，最短时间内对供应链上出现的事件做出最快反应，以保证整体供应链的高效畅通。

三、供应链管理的信息特征

供应链管理是目前国际上最引人注目的企业管理思想之一，它融合了当今现代管理的新思想、新技术，是一种系统化、集成化、敏捷化的先进管理模式。供应链管理的最主要思想是系统理论。供应链注重围绕核心企业的网络关系，如核心企业与供应商、供应商的供应商乃至于一切前向的关系，与用户、用户的用户及一切后向的关系。它不仅是一条连接供应商与用户的物料链、信息链、资金链，而且是一条增值链。物料在供应链上因加工、运输等过程增加价值。供应链作为一种产品生产模式，它的提出是为了方便对多重供需关系的管理，即供应链管理。供应链管理是使物流在供应链上合理流动、优化配置，从而缩短产品生产周期，降低生产成本，促进供应商、分销商、制造商间的合作以及对市场的把握。供应链管理的信息特征有以下几点。

（一）综合性特点

从其覆盖的领域上看，它涉及整个产业链的采购、生产、储存、物流和信息技术等领域的管理；从管理的范围看，它不仅涉及自身企业，而且包括供应链上的其他各个相关企业；从管理的方式方法看，它兼容传统的管理方法和通过供应链网络进行过程管理和虚拟管理。

（二）新颖性特点

供应链管理体现了新经济的特征，它是以信息技术为其管理的出发点和立足点。电子商务活动本身就是信息高度发达的产物，对供应链信息活动的管理更是一项全新的内容，也是对传统管理的挑战和更新。我国对互联网相关产业的管理手段、制度和方法均处于探索阶段。另外，如何进行在线管理，还需要供应链上各个企业的共同努力。

（三）智能性特点

供应链管理的实物位移自动化程度高、预警与反应速度快，供应链过程处于实时监控之中。供应链管理的重点是这些自动化、智能化的设计创造过程，一个智能化的供应链管理系统可以模拟现实，可以发出指令、实施决策，根据供应链过程的特点采用对应管理手段，真正实现电子商务供应链管理的人性化和智能化。

（四）信息化特点

当今市场在急剧变化，企业要想在激烈竞争的环境中取得持续发展，最主要的是要掌握用户需求的变化和在竞争中做到知己知彼。信息技术的应用是推进供应链系统中信息共享的关键，改进整个供应链的信息精度、及时性和流动速度，被认为是提高供应链绩效的必要措施。因此，企业管理战略的一个重要内容就是搭建供应链运作的信息支持平台，如集成条形码、数据库、电子订货系统、射频识别、电子数据交换、全球定位系统等信息交换技术和网络技术，构建企业的供应链信息集成系统。

（五）虚拟化特点

全球性市场竞争的加剧，单个企业已经难以依靠自己的资源进行自我调整，在 20 世纪末，美国提出了以虚拟企业或动态联盟为基础的敏捷制造模式。敏捷制造面对的是全球化激烈竞争的买方市场，采用可以快速重构的生产单元构成的扁平组织结构，以充分自治的、分布式的协同工作代替金字塔式的多层管理结构，注重发挥人的创造性，变企业之间的“生死竞争”关系为“共赢”关系，强调信息的开放和共享，集成虚拟企业，而电子商务的兴起为实现敏捷制造创造了条件。

（六）物流系统专业化特点

在此前的企业经营管理中，物流作为商务活动的辅助职能而存在，其本身并不构成企业管理的重要领域，其业务管理也往往是分散进行的，没有总体统一的协调和控制。在电子商务时代，物流上升为企业经营中重要的一环，其经营的绩效直接决定整体交易的完成度和服务的水准，尤其是物流信息对于企业及时掌握市场需求和商品的流动具有举足轻重的作用，因此物流活动必须综合起来，进行系统化管理。在这种要求下，人们利用系统科学的思想和方法建立物流系统，包括社会物流系统和企业物流系统，从而使物流活动得到全方位、全过程、纵深化的管理和协调。

四、供应链管理的设计原则

供应链管理设计应遵循下述原则。

（一）系统效益原则

系统效益原则也称整体效益原则，这是管理原理的基本思想。供应链管理也不例外，它不仅要求供应链活动本身效益最大化，而且要求与供应链相关的系统整体效益最大化，包括当前与长远效益、财务与经济效益、经济与社会效益以及经济与生态效益等。因此，供应链管理人员和部门要确立可持续发展的观念，处理好内部供应链与外部供应链、有限的资源与节能减排之间的关系，走集约经营和循环经济发展道路。

（二）标准化原则

供应链管理按其重复性可分为两大类：一类为重复发生的常规性生产活动，如物料的移动和存储、物料配送的路线和搬运装卸等；另一类为一次性或偶然性的生产活动，如客户需求的随时变化以及运输时间的不确定性等。供应链管理的标准化要求常规活动按标准化原则实施管理，实现自动化和智能化，以提高效率、降低成本。随着物流技术的不断更新（如人工智能模拟、MRP），电子商务物流信息技术的广泛应用（如GIS、GPS、EDI等），随机性活动正逐步实现标准化。

（三）柔性化原则

供应链的柔性化原则实质上是指供应链运行过程中的灵活性原则。随着多品种、小批量的客户需求变化，市场愈来愈瞬息万变。供应量管理就是利用先进的信息技术、通信技术和供应链管理信息系统来实现供应链的快速反应的。

（四）全程服务原则

全程服务原则是指在供应链管理的全过程中，努力促使各企业员工牢固树立服务观念，切实恪守职业道德，严格执行服务标准，通过文明、高效、优质的服务，加强分工体系的协同效应，塑造该供应链企业的整体形象，确保企业经济效益和社会效益的同步提高。

互联网就像是一个交易平台，由于新的技术的应用，整个供应链的信息共享程度和透明度都得到了提高，从而也提高了整个供应链的效率和效果。显而易见，将供应链整合到一起是可以增加利润的，这也将会对价值链起到一定的影响。研究人员在探讨电子商务究竟是如何影响物流和供应链的，他们认为它可能使一些媒介（如批发商和零售商）消失，也可能推动着新的角色的出现。例如，物流运营商，它的作用是调整传统的供应链结构使其适应电子商务的需要。许多公司在使雇员适应电子商务的同时，也在研究如何进行企业内部管理过程的调整和在互联网平台上建构供应链管理信息系统。

五、传统供应链与现代供应链比较

（一）传统供应链管理存在的问题

传统的供应链管理仅仅是一个横向的集成，通过通信介质将预先指定的供应商、制造商、分销商、零售商和客户依次联系起来。这种供应链侧重于内部联系，灵活性差，仅限于点到点的集成（如图2-1所示）。

图2-1 传统供应链管理拓扑结构图

传统的供应链成本高，效率低，而且如果供应链的一个环节断了，将造成整个供应链运行瘫痪。对于绝大多数没有使用互联网的传统企业，其内部的业务流程和信息传递方式无法对市场需求的变化做出快速响应，常造成库存积压（或积压在供应商处，或积压在制造商处），使成本增加；此外，由于不能及时供货而降低了客户的满意度，使物流从上游供应商到下游、最终到客户的速度缓慢且效率低下。

因为传统供应链管理中存在的一些问题，使其横向集成特性难以适应经济全球化、市场竞争日趋激烈的新形势，严重制约了我国企业的市场。传统供应链管理存在的问题主要表现在以下几个方面。

1. 过分强调自供自产自销的一体化供应链模式

传统的一体化供应链模式表面上看来“企业无所不能”“肥水不流外人田”，而实质上严重影响了企业核心业务的开发，挫伤了企业的市场竞争力。许多相关实体如供应商、分销商等分离在外，注意力局限于企业内部的操作层上，注重企业自身的资源利用，关注物流，而忽视了资本流、信息流和工作流。企业缺乏与外部的合作，产、供、销各自为政，造成产品库存积压、资金浪费和企业间的目标冲突。因此，传统的供应链管理只注重内部联系，灵活性差，效率低，而且供应链的一个环节中断了，则整个供应链都不能运行。

2. 强调竞争而忽略合作

供应链结点间的关系被视为交易伙伴而不是合作伙伴，致使双方频繁地讨价还价、拖欠货款、缺乏诚心，导致竞争大于合作。而不同供应链之间的竞争则更为激烈，大打价格之战、亏损经营，其结果常常导致两败俱伤。

3. 缺乏服务平台和电子交易手段，缺乏市场响应机制

由于没有统一、规范的信息服务平台和安全、可靠的电子交易平台，没有建立对用户不确定性需求的跟踪管理系统，不能及时回应顾客的需求，造成顾客满意度下降，企业信誉丢失，形象受损，致使供应链中的所有成员不能协调一致，信息得不到共享和快速传递，因此供应链运作效率低下。

4. 重下游轻上游现象严重

只重视下游的顾客，尊下游顾客为上帝，忽视上游的原材料供应商，有“供应商有求于自己”的观念，这会致使双方缺乏信任。

5. 供求信息不准，长鞭效应严重

由于客户信息不准，单方毁约情况较多，再加上供应链信息传递扭曲，长鞭效应严重，制造商难以根据订单进行生产，只好根据预测进行生产、安排库存，因而增加了库存成本，削弱了企业的竞争力。

6. 管理信息系统不健全

企业与企业之间缺乏联系，信息不能共享，造成信息重复、滞后或失真。

（二）电子商务对现代供应链的影响

现代供应链管理是一场由信息技术手段飞速发展而引发的商品运作模式的革命，它改

变了传统经济活动的生存基础、运作方式和管理机制，因而对供应链发展产生了深远的影响。电子商务环境下的供应链是以中心制造厂商为核心，将上游供应商、下游经销商（客户）、物流运输商及服务商、零售商以及往来银行进行垂直一体化的整合，构成一个电子商务供应链网络，消除了整个供应链网络上不必要的运作和消耗，促进了供应链向动态的、虚拟的、全球网络化的方向发展。电子商务对供应链管理的影响表现在下面几个方面。

1. 对供应链角色的影响

电子商务的应用加强了各个供应链角色的一体化倾向，特别是加强了生产商的前向一体化倾向，这种一体化行为能够提高供应链的效率，消除供应链上不必要的中间环节。电子商务是在由计算机和通信构成的网络系统中实现的。通过互联网生产商可以不经由分销商或零售商直接将产品卖给消费者，消除了一些不必要的中间环节，从而节约了运输和销售等费用。利用互联网进行零部件和产品的订货和发货能够合理安排库存，提高信息的及时性和准确性，从而降低了库存和营业费用。在企业内部，电子商务的应用，也可省略许多不必要的环节，提高工作效率。

2. 使企业的组织边界趋于模糊化

随着电子商务的发展，组织之间的信息流和资金流更加频繁，组织之间的相互联系也由单一渠道转变为多渠道进行，如供应商的销售部门不仅要与生产商的采购部门进行交流，而且需要与生产商的设计部门，甚至销售部门进行合作，共同设计客户满意的产品和服务。随着供应链各组织间合作程度的日益加深，各组织之间不断融合，组织边界越来越模糊，最终整个价值链重新整合，形成一个虚拟的大企业。

3. 使企业的销售模式由生产者推动型转变为消费者拉动型

在电子商务时代，消费者可以对所需要的商品提出个性化、差异化的设计要求，生产商和供应商组成的虚拟联合体会依据消费者的要求，共同完善产品的设计，然后组织生产，以最大限度地满足消费者的需求；实时的网上新产品信息发布机制，又可以以更低廉的价格吸引顾客，提高消费效率。此时，销售模式由生产者推动型转变为消费者拉动型。

4. 实现经营的网络化

经营的网络化主要包括两个方面，一是交易物流系统的网络化，物流配送中心与供应商、制造商通过网络实现连接，上下游企业之间的业务往来也要通过网络来实现；二是组织的网络化，电子商务是组合整个供应链的，大部分专业性业务活动交给外部企业运作，内部管理层次和人员减少，经营趋于柔性化。电子商务借助电子信息网络将各种不同的技术、技能进行有机的集成，提高了业务经营绩效。由于同一个业务流程是由不同专长的企业共同实现的，信息和计划在这些企业中实现了共享，虚拟化组织的优势开始显现。

5. 网络企业的大量涌现

随着信息技术和通信技术的日益完善、成本的逐渐降低，电子商务活动日益频繁，效益也日渐增长，涌现了一大批从事电子商务活动的网络企业。商品不再依赖传统的物流渠道，而是直接在网上实现交易。网络企业的产生为电子商务提供了交易平台、技术支持和物流服务，改善供应链中的信息交流，减少了资源的浪费，有效提高了供应链管理的效率。

（三）现代供应链管理与传统供应链管理的比较

电子商务供应链管理与传统供应链管理的主要区别反映在如下几点（如表 2-1 所示）。

表 2-1　电子商务供应链管理与传统供应链管理的比较

	传统供应链	电子商务供应链
承运类型	散装	包裹、单元产品
顾客类型	既定	未知
供应链运作模式	推式	拉式
库存、订单流	单向	双向
物流目的地	集中	高度分散
供应链管理要求	稳定、一致	及时，质量及整体成本最优
供应链管理责任	单一环节	整个供应链

1. 物流和承运的类型不同

在传统的供应链形式下，物流是对不同地理位置的顾客进行基于传统形式的大批量运作或批量式的空间移动，货物的追踪是完全通过集装箱、托盘或其他包装单元来进行的，供应链各个环节之间的可见性是有限的。电子商务供应链管理模式，由于借助于各种信息技术和互联网，使得客户在任一给定时间都可以沿着供应链追踪货物的下落。

2. 顾客的类型不同

在传统供应链管理模式下，企业服务的对象是既定的，供应链服务提供商能够明确掌握顾客的类型，以及其所要求的服务和产品。随着电子商务时代的到来，供应链运作正发生着根本性的变化，其将变为一种快捷、高速、划分细致的物流和商流方式。

3. 供应链运作模式不同

传统供应链是一种典型的推式经营，制造商将产品生产出来之后，为了克服商品转移空间和时间上的障碍，利用物流将商品送达到市场或顾客手中，商流和物流都是推动式的，其中物流只是起到支持的作用，本身并不创造价值。在电子商务供应链中，商品生产、分销以及仓储、配送等活动都是根据顾客的订单进行的，商流、物流、资金流都是围绕市场展开的，物流为商流提供了有力保障，因此电子商务供应链是拉式的，因其活动本身构成了客户服务的组成部分，它同时也创造了价值。

4. 库存、订单流不同

在传统供应链运作模式下，库存和订单流是单向的，买卖双方没有互动和沟通的过程。

在电子商务供应链条件下，客户可以定制订单和库存，其流程是双向互动的，作为客户可以定制和监控、甚至修改其库存和订单，而作为制造商、分销商同样也可以随时根据顾客的需要及时调整库存和订单，以使供应链运作实现绩效最大化。

5. 物流的目的地不一样

在传统供应链中，由于不能及时掌握商品流动过程中的信息，尤其是呈分散化布局的顾客信息，加上个性化服务能力不足，物流只能实现集中批量化的运输和无差异性的服务，运输的目的地是集中的。而电子商务供应链完全是根据顾客个性化的要求来组织商品的流动，这种物流不仅要通过集运来实现运输成本的最低化，而且需要借助差异化的配送来实现优质服务，其目的地是分散化的。

6. 供应链管理的要求不一致

传统供应链管理强调的是物流过程的稳定、一致，否则物流活动就会出现混乱，任何物流运作过程中出现的波动和变异都有可能造成上下游企业的巨大损失。电子商务供应链管理却不同，由于其物流需求本身就是差异化的，其物流是建立在高度信息管理基础上的增值活动，因此必定会出现高度的季节性和不连续性，这就要求企业在管理物流活动时必须按照及时应对、高质服务以及总体成本最优的原则来进行。

7. 供应链管理的责任不同

在传统供应链运作环境下，企业只是对其所承担的环节负责，诸如运输企业只管有效运输和相应的成本等，供应链各个运作环节之间往往没有明确的责任人，供应链经营活动是分散的，其结果往往会出现局部最优而整体绩效很差的情况。但电子商务供应链强调供应链管理是一种流程性管理，它要求企业站在整个供应链的角度来实施商品物流过程，以及相应的成本管理。

总之，电子商务供应链管理弥补了传统供应链管理的不足，它不再局限于企业内部，而是延伸到供应商和客户，甚至供应商的供应商和客户的客户，建立的是一种跨企业的协作，覆盖了从产品设计、需求预测、外协和外购、制造、分销、储运和客户服务等全过程。

六、电子商务环境下的供应链管理

电子商务的出现和发展是经济全球化与网络技术创新的结果。它彻底地改变了原有的物流、信息流、资金流的交互方式和实现手段，能够充分利用资源、提高效率、降低成本、提高服务质量。在迅猛发展的电子商务时代，供应链管理的核心任务可归纳为：动态联盟的系统化管理，生产两端的资源优化管理，不确定性需求的信息共享管理以及生产的敏捷化管理。因此在这种要求下，供应链的管理必然要适应电子商务的特点，开发出集成化的供应链管理模式。事实上，实现电子商务的价值增值过程就是一个供应链管理过程，在电子商务应用中主要有两种不同的供应链管理模式。

（一）价值链驱动模式

价值链概念是1985年由迈克尔·波特在《竞争优势》中提出的。为理解成本行为与现有的和潜在的差异性的来源，价值链将一个企业分解为战略相关的基本价值活动和辅助价值活动。1995年，杰弗里·雷鲍特和约翰·斯维奥克拉提出了虚拟价值链的观点。他们认为现今的企业都在两个世界中竞争，即管理者可感知的物质世界及由信息构成的虚拟世界。两条价值链的经济原理、管理过程和价值增值的过程都不同。互联网的出现，使实物价值链与虚拟价值链得以并行，实物价值链上的每个环节都可与虚拟价值链相结合，而电子商务的出现，使得两条价值链的边界变得模糊。而价值链驱动的最终目标是向世界各地任何规模的交易伙伴实时传递相关的动态数据流，以此来影响供应链的电子商务市场。一个价值链驱动的固化软件程序可以实时地与其他的软件程序传递数据，进行交流。例如，当某个用户发出的订单传送到仓库管理系统时，系统不仅将记录放入仓库管理后台的数据库中，还将同时触发物流配送系统发出运输指令，如果仓储低于库存下限，则同时会触发制造系统，发送产品生产的指令。

（二）合作、预测与供给模式

预测与供给模式是由国际著名的商业零售连锁店沃尔玛及其供应商等5家公司联合成立的零售供应链工作组合作研究和探索的，它应用一系列的处理和技术模型，提供覆盖整个供应链的合作过程，通过共同管理业务过程和共享信息，改善零售商和供应商的伙伴关系，以达到显著改善预测准确度，降低成本、库存总量和现货百分比，发挥出供应链的全部功效的目的。

合作、预测与供给模式坚持以下三条指导性原则：一是合作伙伴框架结构和运用过程以消费者为中心，面向供应链进行运作。二是合作伙伴共同开发单一、共享的消费者需求预测系统，该系统驱动整个供应链计划。三是合作伙伴均承诺共享预测并在消除供应过程约束方面共担风险。

预测与供给模式是一个更为具体的基于电子商务的集成供应链管理模式，它的实施能够使供应商加强对存货的管理以及不断地修补对企业整体的预测。通过该模式，各方可以利用网络的方式来交换一系列的书面协议、促销计划以及预测，这使参与方通过关注预测数据的不同来协调整体的预测，因此各方通过寻找差异的原因并提出整体改进的预测数据。根据美国商业部资料表明，1997年美国零售商品供应链中的库存约为1万亿美元，当时如果通过全面成功实施预测与供给模式，可以减少库存的15%～25%，即节省1500～2500亿美元。

我国在电子商务环境下的供应链管理还处于一种成长阶段，而电子商务环境所要求的基础设施、技术条件、人文条件等还很不成熟，在二者的结合上企业仍有很长的一段路要走，当务之急是要处理和解决好以下几个问题：

企业的观念问题。在我国，企业的“大而全”“小而全”现象还十分突出，没有形成独具特色的强竞争力的核心业务，传统计划经济下的管理思维方式仍占据主要地位。企业内部组织机构虽然齐全，但受到职能分派的制约，各自为政，实行垂直型的管理，这不仅严重影响企业信息传递效率，而且无法解决“透明度”问题。随着我国企业与世界的接轨，来自国际市场的挑战日益加剧，传统的管理模式必然会受到严重的冲击。而供应链管理对企业最基本的要求就是核心业务与信息效率，这并不是仅仅依靠企业实行电子商务就可以解决的，不从企业观念的根本问题上改革是达不到治本的目的的。

贸易伙伴之间的协作问题。电子商务为供应链管理提供了一个可以更好发挥的环境，前面我们就提到实施预测与供给模式节约了成本、提高了效率的例子。而我国企业欠缺的正是如何协调贸易伙伴间的协作以达到供应链整体利益的最大化问题。

贸易伙伴之间不愿意共享信息，这与我国的企业所处的文化氛围有关，传统观点认为任何协议都会分出一个胜者和一个负者，但博弈论的研究结果说明，非零和博弈比这种零和博弈更能使企业获得收益。除此之外，缺乏一个良好的供应链绩效评估系统也是贸易伙伴之间协作的障碍。没有合理的绩效分配，各企业自然不愿牺牲自己的利益去换取整个供应链的最大利益。因此，良好的供应链协调战略势在必行。

知识获取与转换技术上的要求。由于电子商务的出现，使原来的生产商依靠 4P（Product、Price、Place、Promotion）让消费者被动地接受产品变为以消费者为中心将消费需求送达生产商，由生产商保证 4C（Consumer、Cost、Convenience、Communication）来取得优势地位。因此这时供应链管理的关键就在于如何从消费者不确定的需求信息中获得知识并保证其在供应链中的共享来创造价值。这就要求供应链上的企业在技术上要保证需求信息的收集、共享并通过知识转换器转换为提高供应链效率的知识。但我国企业总体来说在这些关键设施、关键研究上的投入力度不够，无法做到知识的实时获取与有效利用，这势必会成为实施电子商务环境下的供应链管理的一大障碍。

供应链管理与电子商务都是一个从生产商到最终用户的价值增值过程，电子商务是在一个更新的、更有效的技术平台——网络——上构建的供应链，实现电子商务的价值增值过程就是一个供应链管理过程。供应链管理是一种集成的管理思想和方法，它融合了当今现代管理的新思想、新技术，是一种系统化、集成化、敏捷化的先进管理模式，是对供应链中的物流、信息流、资金流、增值流、业务流及贸易伙伴关系等进行的计划、组织、协调和控制一体化的管理过程。供应链管理的最主要思想是系统理论。供应链注重围绕核心企业的网络关系，它不仅是一条连接供应商与用户的物料链、信息链、资金链，而且是一条增值链。供应链管理使物流在供应链上合理流动、优化配置，从而缩短产品生产周期，降低产品生产成本，促进供应商、分销商、制造商间的合作以及对市场的把握。

但是由于电子商务在我国还未得到完全普及，相关的政策法规还不够完善，其仍面临着网络系统安全、数据安全等技术问题，也还有许多问题需要深入地讨论和研究。随着政府对信息产业的重视以及人民生活水平的提高，电子商务必将成为企业之间以及企业与消费者之间信息交流的桥梁，而基于电子商务的供应链管理的全新贸易方式必将成为推动未来经济增长的关键动力。

综上所述，利用电子商务构建新型的企业管理模式——电子商务供应链管理，可以最大化地以网络方式将顾客、销售商、生产商、供应商联系在一起，极大提高企业管理水平，使供需双方在最适当的时机得到最适用的市场信息，大大减少商品流通的中间环节，极大地促进供需双方的经济活动，加速整个社会的商品流通，有效地降低企业的生产成本，提高企业的工作效率和经济效益，增强企业的竞争力。

第三章　大数据背景下的电子商务概述

第一节　电子商务概述

一、管理的定义

管理的定义自古就有，但从不同的角度出发，可以有不同的理解。从字面上看，管理有管辖、处理、管人、理事等意，即对一定范围的人员及事务进行安排和处理。但这种字面的解释是不可能严格表达出管理本身所具有的完整含义的。

关于管理的定义，许多中外学者从不同的角度出发，对管理的定义做出了不同的解释，其中较有代表性的是管理学家赫伯特·西蒙认为的“管理就是决策”。当前，美国、日本以及欧洲各国的一些管理学著作或管理学教材中，也对管理有不同的定义，如：管理就是由一个或者更多的人来协调他人的活动，以便收到个人单独活动所不能收到的效果而进行的活动；管理就是计划、组织、控制等活动的过程；管理是筹划、组织和控制一个组织或一组人的工作。广义上的管理，可把它看成这样的一种活动，即它发挥某些职能，以便有效地获取、分配和利用人的努力和物质资源，来实现某个目标。概括地说，管理就是通过其他人来完成工作。

上述定义可以说是从不同的侧面、不同的角度揭示了管理的含义，或者是揭示管理某一方面的属性，但可以用以下定义来全面概括管理概念的内涵和外延，即：管理是指一定组织中的管理者通过实施计划、组织人员配备、指导与领导等职能来协调他人的活动，使别人同自己一起实现既定目标的活动过程。由此，管理是一种活动，一个过程，它的构成主要是两个方面或两个部分：一是管理者，即管理主体；二是被管理者，即管理客体。

（一）管理主体与管理客体

管理主体即管理者，是指具有管理科学知识和技能，拥有相应权力，从事管理活动的人，主要包括主管机构、管理人员。

管理客体即被管理者，是指进入管理主体活动领域的人、财、物，主要包括人、物资、资金、业务技术、时间、信息、环境、过程及各种现象等。

在管理客体系统中，人是唯一能动的、活的因素，财和物是受人管理的，是被动的因素，因此管理主要是对人的管理，对财和物的管理可以通过对人的管理来实现。由此，管理主体是人，管理客体也主要是人。一个人是管理主体还是管理客体，是由其在管理活动中所处的地位和所起的作用决定的。

（二）管理主体和管理客体的关系

管理主体和管理客体作为管理活动的两极，不是各自独立、彼此隔绝的，而是不可分割地联系在一起的。

首先，管理主体和客体相互依存。管理主体和管理客体是在管理活动中形成的，离开管理活动，就无所谓管理主体和管理客体。管理主体拥有权力，处于管理、领导的地位，以其聪明才智去指挥、影响下属，但这必须以管理客体的追随、服从为条件。

其次，管理主体和客体相互转化。管理主体和客体的相互转化主要表现为社会角色的变换。这种角色变换主要有两种情况。一种是不同级别之间的变换。各级领导都对下一级进行管理，成为管理主体，但同时又受到上级的管理，成为管理客体。领导干部要想管理好下属，做一个有效的管理者，必须服从上级的管理，对上级负责，但服从是为了管理，服从上级的管理，领会上级的精神、意图，目的是将上级的精神变为自己的管理指令，向下级发出，实现管理职能。在社会管理中，这种集管理和服从两种职能于一身的情况，是管理主体和客体角色变换的表现。另一种是同一级别之间的变换。在同一级别、层次的不同管理关系中，角色往往也发生变换。如作为管理者的厂长、经理，要受公司内部的工会、职工代表大会、监事会等的监督和管理，厂长、经理以个人身份参加其他组织，也要受该组织的管理等。

最后，管理主体的自我管理就是把自己当作管理客体加以对待，对自己的思想、举止行为进行管理。一位管理者，只有严格要求自己，自觉地调整自己的思想和行为，加强自我修养，提高自己的威信，才能有效地进行管理活动。也就是说，只有先管好自己，才能管好别人。

二、电子商务管理的定义

（一）电子商务的含义

1997 年 11 月 6 日至 7 日在法国首都巴黎，国际商会举行了世界电子商务会议。全世界商业、信息技术、法律等领域的专家和政府部门的代表共同探讨了电子商务的概念问题。会议根据当时电子商务的发展情况，对电子商务的概念做了比较权威的界定，认为电子商务是对整个贸易活动实现电子化。从涵盖的范围方面可以将之定义为：交易各方以电子交易方式而不是通过当面交换或直接面谈方式进行的任何形式的商业交易。从技术方面可以将之定义为：电子商务是一种多技术的集合体，包括交换数据（如电子数据交换、电子邮件）、获得数据（共享数据库、电子公告牌）以及自动捕捉数据（条形码）等。

（二）电子商务管理的含义

企业管理是指企业为了有效地实现预期的目标，遵循一定的原则，运用一定的方法对企业生产经营活动中产、供、销各个环节，人、财、物各种要素进行计划、组织、指挥、协调、控制，以取得最佳经济效益的一系列活动的总称。对于当今企业而言，电子商务管理则主要是利用计算机技术、网络技术、通信技术和计划、组织、领导、控制等基本功能，针对电子商务活动中的财务、营销、人事、生产物料、机器设备及技术等有限资源做妥善的安排，使企业得到更有效率的产出。具体而言，电子商务管理涵盖以下几个方面的要素，即电子商务管理的前提条件、核心、基础以及对象。电子商务管理的前提条件是信息技术，特别是以互联网技术为代表的网络技术应用。电子商务管理的核心是掌握现代信息技术与商务理论及实务的复合型人才，他们是电子商务管理的关键要素。电子商务管理的基础是综合运用网络环境和各类系统化的电子工具。电子商务管理的对象是从事以商品交易为中心的各种商务活动。

对于一般的管理，我们认为它既有同生产力、社会化大生产相联系的自然属性，又有同生产关系、社会制度相联系的社会属性。电子商务管理也是一样，所不同的是其管理过程是建立在现代科技发展的基础上，对信息技术的要求也更高一些。

1. 电子商务管理的自然属性

电子商务管理的自然属性主要体现在以下两个方面：

第一，电子商务管理渗透了电子商务活动的“三流”——资金流、信息流、物流相互协同与和谐过程中的每个细节，是现代电子商务活动运行不可或缺的机制。电子商务管理之所以必要，是由电子商务的迅猛发展、电子商务技术不断革新、商务内容不断扩张、商务区域的全球化决定的。它是电子商务在全球范围内得以顺利进行的必要条件。而且，随着新技术的不断运用，经济水平的不断发展，信息和资讯的不断膨胀，电子商务管理的作用越来越重要。

第二，电子商务管理对于现代电子商务活动具有特殊作用。只有通过电子商务管理，把电子商务活动中的各种要素，包括电子商务的技术核心、应用基础、活动对象、交易内容等要素组合起来，使各种要素发挥各自的作用，才可能使电子商务这一活动产生强大的经济活力，才能为社会创造更大的价值。

2. **电子商务管理的社会属性**

管理的社会属性体现在管理作为一种社会活动，它只能在一定的社会历史条件下和一定的社会关系中进行。管理具有维护和巩固生产关系、实现特定生产目的的功能，管理的社会属性与生产关系、社会制度紧密相连。即使这样，电子商务管理也不能脱离管理的基本范畴，虽然它是一种新兴的管理类别，所管理的对象是更为抽象的信息、资讯以及不显现为具体经济形态的生产方式，但这些项目的产生仍然是建立在现有的生产关系和社会制度之上的。无论经济形态如何变更，生产方式如何更替，交易办法如何多样化，它都必须统一在一个具体的社会制度之下，而不可能凌驾于基本的社会制度。电子商务管理的社会属性就是其作为一种具体经济活动的管理方式，本质上与一个国家或者一个社会所奉行的政治制度、社会制度、经济制度、法律制度的内涵是一致的，都旨在维护经济活动更好地运行和发展。电子商务管理的自然属性和社会属性是相互联系、相互制约的。一方面，电子商务管理的自然属性不可能孤立存在，它必须存在于一定的社会制度、生产关系之中，同时，其社会属性也不可能脱离自然属性而存在，否则就会成为没有内容的形式。另一方面，这两个属性又是互相制约的。电子商务管理的不断发展和革新要求有一定社会属性的组织形式和生产关系与其相适应。同时，电子商务管理的社会属性必然对具体的管理方法和技术产生影响。

因此，电子商务管理的性质是建立在一定的生产关系和社会制度之下的，通过对参与电子商务活动的各种具体要素进行规范和整理，使电子商务的信息流、物流、资金流达到协同与和谐的状态，从而推进电子商务活动产生具体的经济效益，推动整个社会经济向前发展。

（三）电子商务管理的对象

1. **管理的对象**

管理的对象也称为管理的客体，是指管理者实施管理活动的对象。在一个组织中，管理对象主要是指人力、财力、物力、信息、技术、时间等一切资源，其中最重要的是对人的管理。对人的管理，主要涉及人员调配、工作评价、人力开发、组织发展等。对资金的管理，主要涉及财务管理、预算控制、成本控制、成本效益分析等。对物的管理，主要涉及物料的采购、存储与使用、设备的保养与更新等。对信息的管理，主要涉及组织外部和内部信息的快速收集、传递、反馈、处理与利用以及发展趋势的准确预测等。对技术的管理，主要涉及新技术的研发、引进与使用、各种技术标准的制定与执行等。对时间的管理主要是如何合理安排工作时间并提高工作效率等。

2. **电子商务管理的对象**

电子商务管理的对象，也是电子商务的内容，它揭示了电子商务的本质。电子商务是传统商务活动的电子化、网络化，是以传统商务活动为基础的。所以，电子商务既继承了传统的商务活动，又发展了传统的商务活动，比如说在网上进行的电子商务活动，这种电子商务活动是其他活动无法替代的。因此，我们认为电子商务管理的对象就是电子商务活动，具体可以从横向和纵向两个方面来认识。

（1）横向

电子商务活动的内容从横向来看主要体现在企业与企业之间、企业与市场（消费者）之间、企业与政府之间、企业内部之间的电子商务。

第一，企业对企业的电子商务。指企业可以使用互联网或各种商务网络向供应商订货、接收发票和付款结算。B2B的商业模式直接关系到国民经济的发展，且由于企业与企业之间有现成的庞大的交易，通过电子商务可以大大加快这种交易的速度，使企业迅速盈利。因此，企业纷纷开展电子商务，企业的改造和管理的提升也明显向电子商务型企业发展和转移。电子商务的核心是更加有效地管理信息流。企业的电子商务活动主要有三个方面：企业本身、供应商和客户。企业通过应用电子商务，对内能提高内部管理过程的效率，对外能有效地定位市场、扩展市场、提供个性化服务以赢得客户满意度，并加强与供应商的合作，使业务流程科学化。企业对企业方面，公司可以使用网络向供应商订货、接收发票和付款。电子商务在这方面的应用已经有很多年的历史，而且也使用得很好，特别是通过专用网络或增值网络实施的电子数据交换。

第二，企业对消费者的电子商务。主要通过网上商品浏览、挑选、在线支付、配送等环节完成。网上零售已无可争议地成为典型的网上的电子商务活动。企业通过网络向消费者推销产品，其中又分为两种，一种是企业销售自己的产品，另一种是网站企业提供一个平台，让其他企业向消费者推销产品。目前，互联网上遍布各种类型的商务活动，出售从鲜花、书籍到计算机、汽车等的各种消费商品和服务。所以，企业对消费者的电子商务基本等同于电子化的零售，它主要随着各种网站的出现而迅速地发展起来。

第三，企业对政府的电子商务。指企业通过互联网向政府机构销售产品或提供服务的电子商务模式。例如，在美国，政府采购清单可以通过互联网发布，公司可以以电子化的方式回应。目前这方面的应用已相当广泛，随着电子商务的发展，这方面的应用一定会更加广泛。

第四，企业内部电子商务。主要有员工与企业、企业与消费者和员工与消费者等形式。企业内部电子商务是利用企业内部网创建的电子商务活动。

（2）纵向

电子商务活动的内容从纵向来看，主要体现在电子商务的形成和电子商务管理的职能上。企业的发展沿袭了历史，而历史是发展的。电子商务活动从产生到发展，都不会随时代的变迁而变化。无论是20世纪80年代的基于EDI的商务运作全过程的电子化，还是20世纪90年代的基于全球计算机信息网络的电子商务，他们所从事的仍然是电子商务活动。

从电子商务管理的职能来看，电子商务管理具有决策、组织、领导、控制、创新等职能。

在决策中，决策者可以通过基于全球计算机信息网络的决策软件进行信息收集、市场调查、数据整理等来进行决策。在组织活动中，组织者可以通过决策目标将适当的人员安排在适当的岗位上，用制度规定各个成员的职责和上下左右的相互关系，形成一个有机的组织结构，使整个组织协调地运转。在领导中，领导者通过指导人们的行为，沟通人们之间的信息，增强相互的理解，统一人们的思想和行动，激励每个成员自觉地为实现组织目标共同努力。在控制中，管理者通过计算机信息网络控制系统，使实践活动符合计划。创新职能，特别是技术创新是电子商务管理中最突出的一个职能，电子商务的基础技术发展与计算机技术、软件技术、网络技术的研发和创新分不开的，因为在电子商务的发展中，新兴的标准、快速的技术创新以及对于处理、存储和数据资源的不断提高，都要求技术不断推陈出新。

第二节 电子商务管理的研究对象与内容体系

研究对象是人们进行科学认识的客体，也是研究和思考时作为目标的人、事、物或现象。研究对象可以是事物或现象的整体或某一部分、某一方面。研究对象的确定有利于规范研究内容，以便形成体系。

一、电子商务管理的研究对象

管理作为一门科学，其研究对象是管理要素、管理关系和管理运行规律。管理学是研究一定社会历史条件下，人、物、环境要素的一般管理关系及其一般管理规律的学说。管理学之所以学派林立，关键是对管理学的研究对象认识不统一。在相当长的一个历史时期，管理学的研究对象并不明确。有些管理理论重点对物的要素进行研究（泰罗制），有些管理理论重点对人的要素进行研究（人际关系学说和各类领导理论），有个别理论结合环境因素对管理进行研究（系统理论和权变理论等）。在现代社会，管理已经突破了一个组织内部的人和物的界限，管理活动同外部的环境已经形成了日益密切的联系，仅仅主张管理好组织内部的人和物已经难以达到预期的管理效果，必须由过去的仅仅注重内部管理，到实现内外管理一体化，综合人、物、环境要素进行整体性管理。管理关系是管理者与被管理者的作用与反作用关系，涉及人的要素的管理关系、物的要素的管理关系和环境要素的管理关系。但由于管理关系的复杂性，管理学主要研究一般的管理关系，或者被称为共性的管理关系。在管理活动中，有一定的规律需要遵循，因此管理学还应当研究人、物、环境要素的一般管理规律。管理关系的配置是明确要素的管理地位及其联系方式问题；管理规律是揭示管理运行的基本指导思想和方略。

互联网在全球迅速普及使得电子商务在企业经营管理领域得到广泛应用，运用电子商务改革企业管理，已成为当代企业发展的新趋势。作为管理学科的一个分支，越来越多的专家、学者把更多的精力投向了电子商务管理的研究。然而，对于电子商务管理的研究对象的认识尚未达成统一之前，我们认为电子商务管理的研究对象是电子商务管理活动中的管理要素、管理关系及其运行规律。首先，电子商务管理要素是指在电子商务活动过程中，企业为了达到个人无法实现的目标，合理分配、协调的相关资源要素。具体来说，电子商务管理的管理要素主要是指人、资金、物、时间、信息、环境、客户等。与传统管理理论中的管理要素不同的是，由于互联网的引入，受聘人员和客户不再受时空所束缚，产品以客户为导向，交易时间大大缩短，企业面临的竞争环境愈加激烈。其次，电子商务管理的管理关系同传统管理理论中的管理关系相比，都是研究管理者与被管理者的作用与反作用关系。不同的是，电子商务管理的管理关系，不单单涉及人、物和环境的要素的管理关系，还涉及信息流管理以及技术管理等。而且，随着网络越来越普及，电子商务管理的管理关系将透明化、清晰化、有序化。最后，在电子商务活动中，有一定的运行规律需要遵循，因此在探索电子商务活动的规律时，需要系统总结电子商务发展过程中的理论、方法与技术法则。电子商务的出现，对企业管理产生了深刻的影响，从而呈现出新的管理运行规律，具体体现在以下四点。

第一，电子商务改变了企业的管理模式。在传统的组织理论下形成的金字塔式、自上而下控制的管理结构，随着网络办公以及电脑会议的普及，这种组织结构暴露了越来越多的问题，公司的组织结构将成为一种象征性的虚拟，而这种具有流动性特点的虚拟组织结构将更能适应信息时代的瞬息万变。第二，电子商务改变了企业的生产方式。电子商务通过企业生产过程现代化、低库存生产和数字化定制生产三个方面改变了企业的生产方式。第三，电子商务改变了企业的经营方式。电子商务以数字化网络和设备替代了传统的纸介质。这种方式突破了传统企业中以单向物流为主的运作格局，实现了以物流为依据、信息流为核心、商流为主体的全新运作方式。在这种新型运作方式下，企业的信息化水平将直接影响到企业供应链的有效建立，进而影响企业的竞争力。第四，电子商务改变了企业的结算支付方式。企业可通过网上银行系统实现电子付款，进行资金结算、转账、信贷等活动。目前主要的信用传输安全保障和认证问题还未得到全面解决，但是纸质货币流被无纸电子流代替而引发的结算革命是不可阻挡的发展趋势。因此，探讨网络环境下电子商务管理面临的新问题及实现电子商务组织功能的新方法，目的就是为管理学补充新的学科知识内容和技术，挖掘新的学科知识生长点。同时，充分利用现代信息技术大发展的网络环境，尽快实现电子商务活动数字化、自动化、网络化、智能化。

网络环境下的电子商务管理被赋予了新的内涵，激发出了新的活力。中国企业如何健康稳定地发展电子商务，需要根据中国的国情，在政府的引导下开拓创新，发展具有中国特色的电子商务。

二、电子商务管理的内容体系

电子商务管理的内容体系涵盖了组织管理、战略管理、系统管理、运营管理以及管理工具与方法等内容。

电子商务组织管理是电子商务管理的核心，是维持电子商务活动顺利、有序进行的首要条件，主要包括电子商务组织要素、组织原则与思想和电子商务组织形态。其中，电子商务组织要素指人、产品、资金、信息、网络、客户、时间七个要素，电子商务组织形态主要有虚拟企业、电子商务企业以及企业电子商务。

电子商务战略管理正是为了充分发挥电子商务的潜在优势，从战略角度来看待电子商务的。电子商务战略分析电子商务战略外部环境有宏观、微观之分。电子商务战略的基本模式主要有以下几种：抢占快车道战略、专一化战略、人才风险战略、从不定式中寻找定式战略以及隐形进攻战略。电子商务战略实施包含四个相互联系的阶段，而电子商务战略评估与控制活动贯穿于整个电子商务战略实施过程。

电子商务系统管理从三个不同的方面进行展开，分别是电子商务信息流管理、电子商务物流管理、电子商务资金流管理。其中，电子商务信息流管理包括电子商务信息流基础、电子商务信息流管理的内容和电子商务信息流运营平台；电子商务物流管理包括电子商务物流管理基础、电子商务物流运作模式和电子商务物流运营管理；电子商务资金流管理包括电子商务资金流管理基础、电子商务资金流管理的内容和电子商务支付管理。

电子商务运营管理就是企业对电子商务运营过程的计划、组织、实施和控制，是与电子商务活动中的商品生产和服务创造密切相关的各项管理活动的总称。电子商务运营模式的内容主要包括企业电子商务运营管理、电子商务企业运营管理和虚拟企业运营管理。

电子商务管理工具与方法主要包括业务流程重组、企业资源计划、客户关系管理、供应链管理、知识管理以及绩效评价等。这些管理工具与方法都是电子商务环境下，管理理论与方法创新的结晶，也正是利用它们，电子商务管理的效能才能得以有效提升。

第三节　大数据背景下的电子商务

在大数据时代，数据将成为企业的核心资产。用以分析的基础数据越完整，得出的结果就越可靠，从事电子商务运作的企业也越能从中获取高价值信息，用以改善电子商务管理，进而提升电子商务能力。

一、大数据概述

随着以社交网络、基于位置的服务为代表的新型信息发布方式的不断涌现，以及云计算、物联网等技术的兴起，数据发生了大爆炸。2006年，全球产生了161 EB（1 EB=1024 PB）的数据，2007年产生了280 EB数据，2011年全球被创建和复制的数据总量为1.8 ZB（1 ZB=1024 EB），当时预测到2020年全球将拥有3.2 ZB的数据量，而实际上根据美国IDC公司的数据显示2020年全球数据量达到了60 ZB。人们将这种海量数据称之为大数据。大数据包含了互联网、医疗设备、视频监控、移动设备、智能设备、非传统IT设备等渠道产生的海量结构化或非结构化数据，并且时时刻刻都在源源不断地渗入现代企业日常管理和运作的方方面面。然而，大数据尚未有一个公认的定义，不同的定义基本是从大数据的特征出发的，通过这些特征的阐述和归纳试图给出其定义。在这些定义中，比较有代表性的是3V定义，即认为大数据需满足3个特点：体量浩大（Volume）、模态繁多（Variety）、生成快速（Velocity）。除此之外，还有提出4V定义的，即尝试在3V的基础上增加一个新的特性。关于第4个V的说法并不统一，国际数据公司认为大数据还应当具有价值性（Value），因为大数据的价值往往呈现出稀疏性的特点；而IBM认为大数据必然具有真实性（Veracity）。

多年前，大数据研究和应用已经成为社会关注的热点。世界各国及相关组织均高度重视大数据领域的研究探索，并从国家战略层面推出发展规划以应对其带来的挑战。2012年1月，达沃斯世界经济论坛将大数据作为主题之一，探讨了如何更好地利用数据产生社会效益；2012年3月，美国政府宣布“大数据的研究和发展计划”，引发了世界各国的广泛关注，因为未来国家层面的竞争力将部分体现为一国拥有数据的规模、活性以及解释、运用的能力，数字主权将成为继边防、海防、空防之外另一个大国博弈的空间；2012年4月，英国、美国、德国、芬兰和澳大利亚研究者联合推出“世界大数据周”活动，旨在促使政府制定战略性的大数据措施；2012年5月，联合国发布“全球脉动（Global Pulse）计划”特别分析了发展中国家面对大数据的机遇和挑战，并倡议各国运用大数据促进全球经济发展；2012年7月，日本推出“新ICT战略研究计划”，其中重点关注“大数据应用”；2013年6月，澳大利亚政府信息管理办公室发布了《公共服务大数据战略》，该战略以六条“大数据原则”为支撑，旨在推动公共行业利用大数据分析进行服务改革。

目前，大数据的应用已经在电信、医疗、零售、金融、制造等行业广泛展开，并产生了巨大的社会价值和经济价值。国内外知名电子商务企业（如Ebay、Amazon、阿里巴巴、京东等）相继推出大数据产品和平台，积极推进了深度商务分析和应用。例如，通过分析结构化和非结构化数据促进其业务创新和利润增长；基于机器学习和数据挖掘方法来管理和优化其库存与供应链，并量化评估其定价策略与营销效果；通过市场分析、竞争分析、客户分析和产品分析以优化经营决策等。同时，大数据也已引起学术界的广泛研究兴趣。更为重要的是，大数据正以前所未有的速度颠覆人们探索世界的方法，引起了科学研究范式的深刻变革。科学家不仅通过对广泛的数据进行实时、动态的监测与分析来解决难以解决或不可触及的科学问题，更是把数据作为科学研究的对象和工具，基于数据来思考、设计和实施科学研究，由此诞生了科学研究的第四范式——数据密集型的知识发现。

二、大数据对电子商务管理的影响

在大数据时代，基于数据的判断和决策成为国家、企业和个人的基本技能。大数据的出现改变了企业决策环境，并对企业的传统决策方式产生巨大影响。由此，从电子商务管理过程来看，电子商务管理决策受到大数据的影响最为深刻。

（一）大数据对电子商务管理决策模式的影响

经济学人智库的调查报告显示：58% 的高层管理者在做决策上还是依据直觉、经验、他人的建议等；43% 的高层管理者承认，那些拥有高度数据驱动的企业，在过去两年的决策制定上获得了很大的提升。研究表明，越是以数据驱动的企业，其财务和运营业绩越好。也就是说，在大数据时代，决定、评价企业价值的最大核心在于数据，数据积累量、数据分析能力、数据驱动业务的能力将是决定企业价值的最主要因素。由此，数据驱动型决策将是大数据时代电子商务管理决策的主流模式。企业需要尽可能地全面收集数据，并对其进行整理和综合，同时使用数学方法对其进行分析和建模，挖掘出背后的关系，从而更好地制定电子商务管理决策。

（二）大数据对电子商务管理决策者的影响

在大数据时代，决策者仍然是最重要的电子商务管理决策因素。首先，对于高层管理者来说，传统的决策因为数据稀缺，重要的决策依赖领导者的经验，而大数据可以保证从问题出发而不用担心数据缺失或者数据获取困难，将决策重心带回到问题本身，而高层管理者的任务就是发现问题和提出正确的办法。其次，对于中层管理者和员工来说，获得决策所需的信息很方便，决策能力将大大增强。大数据时代最大的挑战之一就是管理者们必须与一线员工并肩工作，提高电子商务管理决策水平。最后，对于普通民众，他们利用社会化媒体以及社交网络参与电子商务管理决策，使得决策主体正从商业精英向社会公众拓展。因此，多元决策在大数据环境下更加突出，决策者来源更广泛，关系更复杂，全员参与成为电子商务管理决策的重要特点。

（三）大数据对电子商务管理决策数据的影响

大数据包含了互联网、医疗设备、视频监控、移动设备、智能设备、非传统 IT 设备等渠道产生的海量结构化或非结构化数据，并且时时刻刻都在源源不断地渗入企业的方方面面。事实上，从事电子商务运作的企业可以从不断生成的交易数据中获取万亿字节的有关消费者、供应商和运营管理方面的信息，从社交媒体中数以亿计的网民群体的实时交流与内容分享中获得各种评价信息，对这些海量数据的有效利用将成为电子商务管理决策的关键。然而，大数据的特点一方面是规模大、类型多、结构多样，包含了结构化的数据表和半结构化、非结构化的文本、图片、视频等。在利用大数据进行电子商务管理决策之前，需要对多源数据进行整理、抽取和集成，保证数据的质量和可靠性，再采用统一结构来存储这些数据。传统的数据库管理系统和数据分析手段已无法适用，需要专门的大数据解决方案。另一方面，大数据产生速度快，应用场景从离线转向在线，并出现实时处理需求。实时数据处理是大数据分析的一个核心需求，尤其是在电子商务领域，对实时数据的及时处理和利用也是企业面临的一大挑战。

（四）大数据对电子商务管理决策技术的影响

大数据的海量性、多样性、动态性和价值稀疏性，使得传统的结果最优化与算法准确率已不适应大数据下知识发现方法优劣的度量标准，亦不适用于传统的基于抽样学习的数据挖掘方法，基于全数据的知识发现方法由此成为大数据知识发现的新途径。同时，大数据通常表现为数据流或特征流等形态，数据的价值随着时间的流逝不断减少，面向数据流的动态知识发现方法是大数据下知识发现的重要内容，它可以对数据碎片之间的关联信息进行深度发掘，并对其中的隐藏信息进行收集从而让数据的价值得以保存。无疑，大数据环境下新兴的知识发现技术将成为电子商务管理决策的重要技术，从而给电子商务管理决策技术创新带来重要机遇。同样，作为重要的管理决策技术之一，决策支持系统能够辅助决策者灵活应对环境变化以做出科学的决策。传统的决策支持系统更强调应用，但它的应用和发展受限于少量的人群使用，不能支持其他渠道数据信息的集成，不能利用分布于别处的系统资源等。在大数据时代，利用云平台可以构建大数据下的数据资源池、知识资源池、模型资源池、方法资源池，进而构建基于服务的集成智能分析、快速决策分析和具备自主决策功能的大数据决策支持系统接口，从而实现针对不同决策层次的决策服务推送机制。

三、大数据时代的电子商务管理创新

最近几年，大数据成为最热的技术词汇之一，其不仅对电子商务管理产生了积极的影响，同时在电子商务管理领域也显示了重要的作用。然而，面对大数据时代的到来，不单单是构建企业信息化这么简单，更重要的是企业应该寻求电子商务管理创新，从而促进电子商务能力的有效提升。

（一）提高企业的商业智能化程度

商业智能是指用数据仓库、在线分析处理、数据挖掘等技术进行数据分析以实现商业价值。商业智能技术提供企业迅速分析数据的技术和方法，包括收集、管理和分析数据，并将这些数据转化为有用的信息，分发到企业各处。作为适应大数据时代到来的重要技术——商业智能并未在电子商务中得到普遍的使用。企业要想提高商业智能化程度，首先应打好信息化这个基础，信息化并不仅仅是在企业内部实现办公自动化、无纸化管理，更为重要的是要培养信息意识和数据质量意识，让电子商务系统的每个用户意识到数据是系统的生命，高质量、真实的、高可靠性的数据是一个电子商务系统成功的关键。

（二）让决策者意识到数据的商业价值

大数据时代，许多电子商务管理决策者的意识还禁锢在传统的管理模式中，认为只要实现企业的信息化就能够适应数据爆炸增长的大数据时代。虽然企业拓展了获取数据的渠道，但是很少深层挖掘数据背后的价值，特别是对电子商务系统中的微观数据的关注和利用很少。而且，许多电子商务管理决策者只是单纯地关心财务报表、企业盈亏表等宏观的数据，并没有从组成这些报表的细微数据中去发现企业存在的问题，对于竞争对手的分析也是如此。大数据时代是一个以数据为王的时代，电子商务管理决策者应该意识到数据的商业价值，将数据与电子商务管理决策相关联，发挥数据的潜在价值。

（三）正确认识决策主体

在传统的管理模式中，企业的高层管理者、中层管理者和一般员工被认为是电子商务管理决策的主体。在电子商务环境下，科技正促进领域间融合，产业界限正在模糊，传统的决策主体机制势必降低了企业决策的正确性与合理性。如今，随着社会化媒体的出现以及社交网络的普及，社会化决策应运而生。由此，需要树立以社会公众为决策主体的观念，将决策的主体由狭隘的企业内部转移到广泛的社会公众，通过社会媒体、社交网络等平台广泛地收集社会公众的意见和建议。

（四）培养首席数据官

大数据时代，对电子商务数据的处理和分析不再属于一个领域，它需要同时具有信息技术知识、网络营销知识、运营管理知识等综合素质的人才来掌控，首席数据官由此诞生。首席数据官的主要职能是利用数据推进企业与社会的对话，挖掘信息化过程中数据更为潜在的价值。他们视数据为资产，负责其运营，通过分析来自传感器、社会网络评论、网络流量等各方面的数据，为电子商务管理决策提供参考。由此，从事电子商务运作的企业应该高度重视首席数据官的培养与引进，并赋予他们更多的话语权。

（五）重视员工的社交网络

在传统的电子商务组织架构中，很少有企业去关注员工的社交网络。这里所说的社交网络不仅指员工在企业内部所建立的关系网络，还包括与企业以外的其他人员的联系以及员工在各个在线社交网络平台上的好友等，这是一个庞大的社会关系网络。在大数据和电子商务环境下，企业如果能够很好地利用这一网络，将会大大提高效益。因为社交网络在跨部门的流程改善、联合和合并中起黏合剂的作用，对新产品开发也有着不可忽视的推动效果，其也是与员工保持工作满意度的重要因素。

第四章　大数据与电子商务的结合

第一节　区块链＋大数据：极具颠覆性的解决方案

区块链首先是指通过去中心化和去信任的方式集体维护一个可靠数据库的技术方案，这也注定了大数据和区块链的密切联系，甚至可以说，区块链将在未来重构大数据。

在《区块链：新经济蓝图》一书中，作者梅兰尼·斯万以宏观的角度检视互联网依赖数据发展的阶段，将数据发展分为三个阶段：

第一阶段，数据是无序的，并没有经过充分检验；

第二阶段，伴随着大数据和大规模社交网络的兴起，通过大数据的交叉检验和推荐，所有的数据将会根据质量进行甄别，这些数据将不再是杂乱无章，而是能以一定人工智能算法进行质量排序；

第三阶段，正是区块链能够让数据进入到这一阶段，即有些数据将通过采用全球共识的区块链机制，获得基于互联网全局可信的质量，这几乎可以说是人类目前获得最坚固信用基础的数据，这些数据的精度和质量都获得了前所未有的提升。

这恰好符合了互联网数据库发展需要经历的三个阶段，即关系型数据库、非关系型数据库、区块链数据库。

在互联网诞生初期，数据库主要的类型是关系型数据库，这是一种采用了关系模型来组织数据的数据库。这一概念是在1970年由IBM的研究员埃德加·考特博士首先提出的，在之后的几十年中，关系模型的概念得到了充分的发展并逐渐成为主流数据库结构的模型。简单来说，关系模型指的就是二维表格模型，而一个关系型数据库就是由二维表及其之间的联系所组成的一个数据组织。

然而，随着互联网大数据时代的兴起，传统的关系型数据库在应付WEB2.0网站，特别是超大规模和高并发的社交网络服务类型的WEB2.0纯动态网站已经显得力不从心，暴露了很多难以克服的问题，而NoSQL的数据库则由于其本身的特点得到了非常迅速的发展。NoSQL，泛指非关系型的数据库，具有高并发性和可拓展性，它的产生就是为了解决大规模数据集合多重数据种类带来的挑战，尤其是大数据应用难题。

但是构建在这之上的大数据，最大的问题就是无法解决信任问题。因为互联网将使得全球之间的互动越来越紧密，伴随而来的就是巨大的信任鸿沟。目前现有的主流数据库技术架构都是私密且中心化的，在这个架构上是永远无法解决价值转移和互信问题的，所以区块链技术将成为下一代数据库架构。通过去中心化技术，区块链技术将能够在大数据的基础上完成全球互信这个巨大的进步。

区块链技术作为一种特定分布式存取数据技术，通过网络中多个参与计算的节点共同参与数据的计算和记录，并且互相验证其信息的有效性。从这一点来看，区块链技术也是一种特定的数据库技术。这种数据库将会实现梅兰尼·斯万所说的第三种数据类型，即能够获得基于全网共识的数据可信性。从目前来看大数据还处于非常基础的阶段，但是进入到区块链数据库阶段之后，才是真正进入大数据时代。这里面的所有数据都获得坚不可摧的力量，任何人都没有能力也没有必要去质疑，因为区块链会成为大数据的安全机制之一。

一、大数据通过区块链可以极大降低信用成本

未来的信用资源从何而来？其实中国正迅速发展的互联网金融行业已经告诉了人们，信用资源会很大程度上来自大数据。

大数据金融是互联网金融的重要发展模式之一，是指集合海量非结构化数据，通过对其进行实时分析，可以为互联网金融机构提供客户全方位信息，通过分析和挖掘客户的交易和消费信息掌握客户的消费习惯，并准确预测客户行为，使金融机构和金融服务平台在营销和风险控制方面有的放矢。例如蚂蚁花呗和京东白条，就是根据消费者的消费记录做出信用评估，属于消费信贷（产品）。

显而易见，通过大数据挖掘应该很容易就能建立每个人的信用资源，但现实并没有如此乐观。关键问题就在于现在的大数据并没有基于区块链存在，这些大的互联网公司几乎都是各自垄断，形成了各自私密而中心化的记账中心，导致了数据孤岛现象。而且事实上数据所有权也存在错位，个人数据并没有被自己控制，就如个人每天在微信上产生了大数据，这将是其未来重要的信用资源，但人们完全无法控制它。而一旦这些大数据在区块链中登记用来建立信用，将是比房产证明、工资流水等更有价值的信用资源。

在经济全球化、数据全球化的时代，如果大数据仅仅掌握在互联网公司的话，全球的市场信用体系建立就不能实现去中心化。因为每个互联网公司只能自己形成价值转移闭环，只有当未来大数据在区块链上加密，才能真正成为个人产权清晰的信用资源，这也必将是未来的发展趋势。区块链技术的发展已经能让很多数据文件加密，可以直接在区块链上做交易，那么这些交易数据将可以完全存储在区块链上，成为个人的信用，所有的大数据将成为每个人产权清晰的信用资源，这也是未来全球信用体系建构的基础。

二、未来应用场景

（一）金融行业的引领发展

区块链 + 大数据的解决方案首先将带来金融行业的变革。

前面提到的建立信用体系的解决方案首先将在银行征信领域大有所为。目前，商业银行信贷业务的开展，无论是针对企业还是个人，最基础的考量是借款主体本身所具备的金融信用。各家银行将每个借款主体的还款情况上传至央行的征信中心，需要查询时，在客户授权的前提下，再从央行征信中心下载参考。其中存在信息不完整、数据不准确、使用效率低、使用成本高等问题。在这一领域，区块链的优势在于依靠程序算法自动记录海量信息，并存储在区块链网络的每一台计算机上，信息透明、篡改难度高、使用成本低。各商业银行以加密的形式存储并共享客户的信用状况，客户申请贷款时不必再到央行申请查询征信，即去中心化，贷款机构通过调取区块链的相应信息数据即可完成全部征信查询工作。

另外，凡是涉及交互的记录都可以考虑在区块链技术上开发相关应用。以区块链为底层技术建立起来的金融系统，可以通过点对点交易降低经营成本，提高支付、确权的效率，满足监管部门和客户对数据记录的要求。例如国内很多金融机构正在实践的采用区块链技术作为底层技术架构推出的积分系统，用户在享受普通积分功能的基础上，还可以通过发红包的形式将积分向朋友转赠，未来随着更多的公司加入，用户还可以与其他公司发行的区块链积分互换，让客户真正拥有对自身数据的支配权利。

从某种意义上说，区块链有可能成为共享经济或者共享金融的基石。

（二）医疗行业的数据变革

目前的医疗行业正遭受着严重的数据问题，原因在于其传统的中心化存储。

一方面，大多数医院的账本都不公开，这就阻挡了新的医疗信息在世界各地之间的传递，同时也限制了医生之间信息的传递。在国外，当一个人生病，却因为搬家或者在旅途中而不能与他们自己的医生联系的时候，他们的医疗记录的调取就会存在困难；而在中国，因为我们没有私人医生，医疗记录的调取更加困难。

另一方面每年都会有大量的新的医学研究成果出现。现有体系下，医生或者医生团体很难掌握最新发布的医学研究成果，也不能及时改进医疗手段。甚至有些医生还很难断定他们在新医疗文献中读到的科研成果是否准确，直到他们自己亲自测试过。

同时，医疗数据还存在严重的质量和安全问题，这很可能使数据遭受黑客攻击，或者产生数据、电子病历无法正常更新（如果同一份病历被多人同时编辑就会出错）等现象。因此，现有的医疗数据是不可靠的，例如，同一个病人有多种不同版本的病历，里面的数据大量不吻合，而接手的医生又恰巧没有仔细核对。如此一来，病人很可能被误诊，还会出现各种随之而来的心理、生理、经济损失等问题。

大数据+区块链的解决方案可以改善上述情况。大数据和区块链与医疗行业进行整合能够为医疗行业建立一个可靠的全球数据库，每一个人都可以信任，每一家公司访问到的数据都相同，这些数据通过透明的方式被共享，这样就会生成仅有的一个统一的并且每个人都相信的病历。而且因为在区块链技术中，没有人有权管理全部数据，而同时，所有参与者都有责任维护信息安全，这能大大降低医疗卫生行业误诊或者恶意修改数据的行为。

（三）物联网的最优解决方案

毋庸置疑，物联网产业正处于快速发展的阶段。从小型传感器到大型家电都可以加入到物联网。而大数据和物联网整合早已不是新闻，大数据已经是物联网密不可分的基础组成部分，但是仅仅整合了大数据的物联网依然会面临两个重大的挑战——设备安全和用户数据隐私。

传统的中心化管理机构和消息代理可以帮助解决这些问题，但是他们的规模将无法处理未来物联网设备产生的数据数量。一些产业领导者便提出了使用区块链技术的解决方案。在去中心化物联网中，区块链将会用于促进交易处理和交互设备间的协调。每一个物联网设备都会管理自己在交互作用中的角色、行为和规则。

IBM 深信在物联网革新的问题上，“区块链提供了一个优雅的解决方法”。

（四）保险行业的创新

2016 年 5 月，“水滴互助”创业项目宣布获得 5000 万元天使投资，估值近 3 亿元。这被看成是社会保险和商业保险之外的另一种保险方式。其特点是基于场景化大数据和区块链技术，解决用户在面对重大疾病时的医疗资金问题。目前，水滴互助重大疾病赔付范围涵盖了五十多种。

水滴互助是一个针对重大疾病推出的互助保障平台。用户花 9 元成为会员，180 天观察期之后，能够享受相应的赔付权利。当加入平台的用户出现重大疾病时（初期只针对癌症），最高能获得水滴互助的 30 万元赔付。而赔付的资金由平台的用户平摊，原则上每次平摊费用不超过 3 元。这种方式旨在缓解由于当下以癌症为主的大病发生率持续上涨，而普通患者没钱医治、医保没有完全覆盖的现实问题。

为了保证参与人的公平性，水滴互助根据年龄层次进行群体划分，包括针对 18 至 50 岁人群的“关心自己抗癌互助计划”，针对 51 至 65 周岁人群的“孝敬父母抗癌互助计划”和针对出生满 30 天至 17 周岁的未成年人的“关爱子女大病互助计划”。每个层级都根据发病率等因素对赔付金额做了相应调整，赔付金从 2 万到 30 万不等。

这样一种全新的保险模式就是基于大数据和区块链技术进行开发的，大量用户产生的交易和数据通过区块链进行存储，保证了数据的公开透明及难以篡改。

第二节 “区块链 +”的互联网金融大数据双通道征信技术

互联网金融指的是互联网技术与普惠金融的深度融合。互联网金融作为一种有利于诸如银行等传统金融机构的互联网化的金融模式，与互联网技术的便捷性、高效性与低成本性等特征紧密联系。但近年来互联网发展过程中遇到的一系列问题也暴露了其风控技术与迅猛发展势头的矛盾，即互联网金融的征信难题。

一、大数据技术为解决互联网金融征信问题提供了技术支持

（一）大数据技术的兴起

大数据属于近年来兴起的新型技术，其以计算能力强、数据挖掘能力强、资源利用效率高等优势已成为各行业信息化和数字化发展的有力支撑。毋庸置疑，大数据技术对于解决互联网征信难题提供了很好的帮助，能够成为解决互联网金融征信问题的必要条件。

（二）大数据风控技术的现状

大数据风控技术，指的是利用大数据技术对互联网金融交易过程中的海量数据进行量化分析，达到风险识别与管理的目的。

大数据风控技术目前在中国还处于技术探讨阶段，虽然从国外一些拥有先进技术的公司（如 Fico、Lending Club 等）借鉴了现成经验，但并没有形成有效和明确的技术路径，只停留于指标体系构建、信息维度扩展和筛选、算法研究和试点应用等层面，对其深层次的逻辑和哲学基础探讨并不多见。

究其原因，一是技术背景不同，无论是 Fico 还是 Lending Club 的征信技术，都基于历史数据的积累和信用信息系统的构建，我国除中国人民银行征信中心积累的以信贷数据为主的金融交易信息外，其他系统的构建和运行时间，并不能够为时间序列分析提供有效的样本库，也根本不能称得上大数据系统。二是海外成熟技术自身存在缺陷，虽然其样本量较大，时间序列特征明显，但其基于历史数据的判断必然滞后于现实经济活动的发展，情景再现的结果与时间反演不对称性存在悖论，预测准确率较低。2008 年美国次贷危机对西方信用风险分析技术就是一次颠覆性打击，中国信用评级行业的翘楚大公评级集团对此做了深入剖析，其认为西方信用评级技术恰恰是引发危机的根源。三是鉴于技术壁垒的存在，国内引用的技术大都是利用其公开部分，而对其核心技术知之甚少，逆向研究并不成功，终致技术模仿效果一般。可能也正是基于此，阿里巴巴集团入股 Lengding Club，希望能与对方进行深层次技术互动。

二、“区块链 +”技术能够为互联网金融征信提供解决方案

（一）区块链技术的核心和实质

以比特币为代表的区块链技术，以分布式记账、分布式传播、分布式储存的特征运行，具有去中心化、开放自治、匿名且不可更改的优势，其核心是基于算法信任的智能合约。

（二）互联网金融风控存在的问题与征信现状

互联网金融风控难题集中于投资者的风险偏好与实际资产不匹配，融资方信用风险水平不能有效界定，信用风险释放超出人们预期，对层出不穷的问题难以实施有效监管。从互联网金融资产端形态来看，主要为纯信用贷款、汽车抵押信用贷款、住房抵押信用贷款等类型，不良率居高不下。

目前，互联网金融风险控制依照反欺诈、贷前风险前置审查、贷中风险管理、贷后风险评估 + 催收的链条进行，依托的核心技术还是类小微信贷（IPC）模式，主要依靠基层工作人员通过各种资料收集完成信用信息的采集，由信审部门完成信用评价。

（三）原因分析

产生以上问题的根本性原因在于错误的 IPC 模式或者类 IPC 模式技术路线。就本质来看，互联网金融是普惠金融的互联网化，其“小额、分散”的特征决定了解决风险定价的手段必须是低成本、高效率的非 IPC 模式，而不是 IPC 模式或者类 IPC 模式，二者的技术路线完全不同。

从 IPC 模式来看，依循的是“还原论”技术路线，把复杂个体分解为组成部分，通过综合收集资产端各方面信息，尽可能囊括所有关键要素，通过层层递进的方式给出全息信用画像，得出结论。这也是目前互联网金融将“大数据”“征信”奉为救命稻草的原因所在。

基于以上分析，构建基于大数据和区块链技术的“去中心化 + 中心化”双通道、“区块链 +”征信技术框架可以为解决这些难题提供有益思路。

三、基于大数据技术 +“区块链 +”的双通道征信技术框架

（一）基本逻辑

与 IPC 模式或者类 IPC 模式相反，互联网金融征信技术恰恰不能追求信息的全维度，应该依循“整体论”的框架进行，将研究对象视为整体，重视多个现象之间的恒定连接关系，不将因果机制的探求作为重点，而是基于“黑箱”理论的研究范式，在直接数据不可得或口径不能统一的情况下，以替代指标建立体系，并根据替代指标对信用风险说明程度的强弱不同进行排序和赋权。

（二）“区块链 +”的技术概念

“区块链 +”与以往区块链技术所不同的是它并非简单地去中心化，而是将去中心化与中心化进行有机结合，并能够实现二者数据信息的互为传递、公开、补充的“双向通道”。这是由于区块链技术适用于互联网征信领域时，鉴于信用信息产品的特殊属性，去中心化的技术并不能满足信用风险定价专有技术的信度要求，利用区块链技术解决互联网金融领域的征信问题时，应该将中心化和非中心化的技术整合到一个框架中，在信用等级划分中，无论是在分类还是排序过程中，同时考虑中心化和非中心化机制的信息反馈，构建基于双向指标的信用风险分类和排序系统。

（三）基于“区块链 +”的大数据双通道分析框架

如果将信用定义为借款人可用偿债来源对于债务本息的覆盖率，那么从信用风险定价的基本逻辑来看，无论是中心化还是去中心化的评估框架，都基于偿债能力和偿债意愿的考察，关键的不同之处在于实施评估的主体不同导致的所采用信息和指标体系存在很大区别。对于互联网金融来说，其承载主体多为中小企业或个人，要有效获得其经营和财务信息，难度很大，这就使去中心化系统的信息进入整体分析框架成为必要，特别是其中的非中心化系统，对于衡量受评主体的社会成本很有价值，并在偿债意愿的分析中起到重要作用。同时，中心化系统通过宏观、区域等要素的分析，与去中心系统进行数据互补，二者信息流为双通道决策互相提供参考。

无论是中心化系统还是去中心化系统，都要从风险定价的基本理论出发，并通过案例分析提出假设体系。在构建中心化系统过程中，都必须依据偿债能力和偿债意愿为基本框架延伸。在将关键因素进行指标化过程中，中心化系统应当依循经营分析和财务分析的路径进行，而非中心化系统应更多关注社会现象的收集和社会成本的分析。

（四）技术路线

具体可行的技术路线是，根据传统的信用风险分析理论构建中心化分析系统，实现中心化数据集中采集、处理、评估、结果输出。在构建中心化分析系统中，信用风险定价模型的建立应通过假设构建出的基本框架与可获得信息进行映射，形成具体的指标体系原型，通过大数据样本进行原型的验证和校准。其中，留取验证和校准指标极为关键，这是定价结果具有可检验性和可比性的基础，进行验证和校准可以采用的方法很多。

利用区块链理论和非 IPC 路线的信用风险定价理论是构建非中心化分析框架的基础。根据区块链的主要特点设置基于电脑或移动应用程序方式的“区块链 +”信用风险评估系统，通过智能化合约完成受评主体信息的收集、整理、评价、发布、使用，同时完成分布式信用信息的收集、处理、评估、结果回传（接受者为中心化系统）、结果判定（与中心化系统共同决策）、历史追溯。在构建非中心化的信用风险定价模型时，基于偿债能力和偿债意愿的基本框架仍是主线，但指标体系构建并不与中心化系统相同，必须注重浅层指标与关键因素之间的说明程度的强弱和不同指标直接的替代性，并考虑由于指标说明性不同而导致的分析框架中关键因素权重的变动。由于非中心化系统的信息来源更为丰富，由此构成的大数据库必然存在数据维度的收敛问题，可行的方案是对收集渠道、种类、特征属性等方面进行设置，由使用者自行辨识，在增加用户互动环节同时，减少系统负载。

作为区块链技术的升级模式，基于“区块链 +”的“大数据双通道”征信技术强调中心化和非中心化两个系统信息的交互和共同决策，通过信用风险定价的基本逻辑构建分析框架，为解决互联网金融征信难题提供了可行的方案，可以成为征信技术创新范例，也能为互联网金融有序发展提供有效的风险管理思路。

第三节　大数据视域下区块链技术在会计行业的应用

大数据，即无法在一定时间范围内用常规软件工具进行捕捉、管理和处理的数据集合，是需要新处理模式才能具有更强的决策力、洞察发现力和流程优化能力的海量、高增长率和多样化的信息资产。对于会计行业而言，它可以使会计信息数据进行实时交换，经过整理和分类，使企业可以更充分利用所得的信息，为会计核算做好充分的准备。大数据在会计行业的应用就是将会计涉及的资料信息数据化，放在统一的共享信息平台上，这样就可以实现资源的共享，也避免了会计信息造假，从而实现资源的最高效能。在信息时代的背景下，企业可以充分利用大数据所带来的会计信息资料数据的全面性和科学严谨性，增加企业财务信息的可靠性，从而为企业经营者、投资者的财务决策提供科学合理的信息支持。

区块链作为比特币的底层技术而进入大众视线，是一种由基于密码学而产生的数据块组成的分布式账簿，每个数据块都含有大量的交易信息，用于验证信息的有效性。区块链技术的突出优势在于去中心化设计，区块链系统由大量节点组成了一个点对点的网络，不存在中心化的硬件或管理机构，任何一个节点的权利与义务都是均等的。系统中的数据由各个节点共同维护，而且它们之间相互独立。通过运用非对称加密技术、时间戳、梅克尔树、共识机制和奖励机制，在独立节点分布式网络中实现基于去中心化信用的点到点交易。由于去中心化的高度可靠性和安全性，以及低成本和高效率，从而解决了中心化存在的问题。区块链不仅仅是一项技术的创新，更是一个时代的开启。区块链让大数据更加精确，而大数据让区块链的数据更有价值。区块链可以让大数据更加安全地流动起来，保证了数据的私密性。它又是不可篡改的数据存储技术，提供了数据的可追溯路径，建立了可信任的数据资产交易环境。从大数据的角度考虑区块链对会计的影响，保证了会计的高度安全性和数据的不可篡改及其可追溯性，有利于建立一个全新的财务核算体系和共享系统。

一、区块链本质及核心技术

（一）区块链本质

区块链技术也叫分布式账本技术，是一种链式数据结构或者说是一种分布式基础架构与计算范式。这种技术最早被运用于2009年比特币的发行。随着比特币热潮的不断兴起，人们对“区块链”这种比特币体系中最底层技术的关注开始升温。埃森哲评价区块链为一项极具潜力的突破性技术，有望成为一种改变当今社会和经济运行方式的重要里程碑技术。区块链网络是一种分布式记账本，数据按照时间顺序前后相连组成链式结构，并且在这个过程中只许添加，不许删除和篡改。如果假设区块链是一个状态机，那么每次交易都在试图改变一次状态，在达成共识的前提下，每次共识的出现都会生成新的区块，确认参与者的交易结果。

数据库就相当于账簿，而在会计行业中，可以把数据库变化看成是“借贷相等”的记账行为。人们普遍觉得使用者只是拥有使用权，对其系统没有管理权。但在区块链的模式下，它的使用者不仅能参与其中而且可实现记账的权利。区块链让使用者主动去确认交易的合法性，从而将合法的交易写入共同开发维护的账簿中，重复此操作，就可以实现账簿的完整性。

（二）区块链核心技术

1. 分布式记账方式

分布式记账是一种去中心化的分散记账方式，交易记账由各个地区的节点共同操作构成，而且每个节点都会将其信息进行公开，这样所有人都可以看见，可以相互监督，提高交易合法性。数据库记录了所有交易人的信息，每个人都可对信息进行更改，更新的内容会被公开，这样其他参与者就能看见，而且所有参与人都能公开查阅信息。

2. 非对称加密和授权技术

为了保证交易信息的安全性，需要对信息进行加密，一般用公钥和私钥进行加密，而且用一个密钥加密，则需要用另一个密钥进行解密，比如用公钥加密则用私钥解密。公钥生成是不可逆的，就是说不能通过公钥推出私钥，只有解密的人才能查看，从而保证了信息的高度保密性。

3. 共识机制

交易人通过POW、POS、DPOS、POOL机制形成共识，来判断一个信息的准确性，这样既可以确认信息又能防止信息被篡改，实现效率与安全的平衡。

4. 智能合约

智能合约是一种可以自我执行的合同，而且不仅可以执行计划，还能管理计划及其日常工作和交易费用。

二、区块链技术在会计中的应用及展望

（一）区块链技术在会计行业应用现状

随着区块链技术的不断深入发展，其应用领域从最初的数字货币开始向更深层次发展。2016 年 12 月，国务院印发了《“十三五”国家信息化规划》，这份规划中我国首次将对区块链技术的研究纳入国家规划，可见区块链技术在当今社会的重要地位。截至 2018 年 1 月，有关区块链的应用成果不多，相关知识产权和专利也是一片空白，区块链领域更是呈现出技术和产业创新驱动的发展趋势。德勤会计师事务所早在 2014 年起就成立了名为“德勤加密货币共同体”的集团。该集团在全球范围内布置了各个成员来专注于区块链在会计行业的应用，并对这些成员进行专业的培训，使他们在进行审计业务时，充分利用区块链时间戳来保证交易时间的准确性，利用哈希函数保证其不可篡改性，通过梅克尔树保证审计信息的完整性，通过非对称加密技术确保数据的公开透明。另一家全身心投入区块链技术和会计界结合的公司是旧金山 Subledger，它为企业提供了一个可扩展的、基于区块链的、双入口会计账本方案，该方案可传送实时的金融和绩效数据。安永会计师事务所的《首席财务官的 DNA》系列调查显示，首席财务官的职责包括六大部分：信任数据、提供深刻见解、让组织运营井然有序、为组织战略提供资金支持、制订经营战略以及与外部市场沟通。区块链具备影响以上每个部分的潜力，重新定义传统首席财务官的角色，彻底革新财务职能。金融高管研究基金会与知名会计和咨询公司德勤会计师事务所共同编写并公布了关于区块链技术应用于金融的报告，这份报告名为《面向财务领导者的区块链：机遇与现实》，分析了区块链如何影响财务报告、人员配备以及其他高管等领域。2018 年 4 月 15 日，元年科技总裁助理贾小强在美国注册管理会计师培训专家与领导者——优财和美国管理会计师协会联合举办的“2018 中国管理会计实践论坛”活动中，发表了主题为《区块链的发展与财务的变革》的专题演讲，表明以区块链技术为代表的新智能发展迅速，传统财务人员将会面临巨大挑战。

金蝶中国总裁孙雁飞称，人工智能、区块链、云计算、大数据技术给财务领域带来巨大变革，未来的财务核算工作会被机器取代，人机合作会成为财务的新模式和新常态。Fizcal 将会计领域与区块链联系在一起，是新一代会计软件，使用区块链技术执行新的会计框架，并使用人工智能和机械学习来改善企业运营。Fizcal 目标成为市面上首个开发完全分散式簿记和会计框架的软件。钟玮和贾英姿提出账簿中的每个参与者都通过密钥获得账簿的访问权，而且任何改动都要经过全网所有参与者的同意，从而实现了账簿公开透明，保证了账簿信息的安全性和准确性，降低了财务风险，这样不仅节约了交易费用还使个人对账簿的影响因素降至最低，价值计量更为公允。袁勇和王飞跃从区块链技术的可逆分布式财务系统、不可篡改性、安全密钥、智能合约、公开透明等特征分析其对会计监督的积

极影响，并提出将区块链技术应用于会计监督的建议，以期为区块链技术应用于会计监督提供部分理论依据，促进我国会计监督结合区块链技术先进手段，提升会计监督质量。孙芳则认为，在财务管理方面，区块链财务系统提高了会计信息透明度、准确性、时效性和可靠性，满足了会计核算要求，并降低了道德风险；在内部控制方面，降低了对财务信息审核控制的要求，在保障企业财产安全完整的同时，减少了对相关查验工作的依赖和对外部审计基础工作的需求，从而降低了企业成本。樊斌和李银提出区块链分布式记账的特点以算法为背书，削减了会计的信任成本，而且节点受各方监督，使得会计信息经过了节点的验证和审查，减少了会计作弊和差错，再加上时间戳的特点，保证了数据的真实连贯性。

区块链技术是近年来新发展的一项技术，国内外对区块链技术的研究以区块链技术的应用前景和整个技术的分析为主要内容，其中包括技术原理、应用场景和发展趋势，尤其注重对金融领域的影响研究。梳理国内外研究成果发现，将区块链技术应用于财务会计领域的研究甚少，区块链场景应用中缺乏在财务会计领域的落地。

（二）基于大数据的不可逆分布式财务系统构建

大数据正是为了有效利用大量计算资源，通过共享资源的方式向大众提供服务。传统的大数据是在封闭的企业环境下，通过用户信任云服务提供商而得到发展，也因此诞生了诸如 Cloud Visor、Intel SGX 等技术，使得大数据服务提供商的身份可被验证。本质上传统大数据服务还是需要用户对服务提供商的无条件信任，在如今数据窃取越发受到关注的社会发展下，用户越来越关注隐私保护，但传统大数据服务模式使得用户对自己的数据失去了控制。区块链完全由大众自己运营，个体节点的连接能提供计算所需要的巨大算力，网络中不存在中心节点的控制，完全可被用于搭建新的计算模式——区块链即服务。因此，未来的大数据可以直接搭建在公有区块链上，平台服务也可以直接提供在这个公有云上。这个模式可以被称为公有链即服务。区块链也可以是私有的或者区域的。私有链或者联盟链主要应用于企业或者组织内部，通过有限的主机或几个分布式的数据中心搭建局部的去中心化的区块链。而特定的几个局部区块链同样可以通过特定的协议相互交流同步，从而组成联盟链。这是对传统计算架构的改善，提高了大数据服务的可靠性、安全性，但本质上还是通过大型企业提供的网络中心向大众提供特定大数据服务。这个模式可以被称为私有链即服务。

开发运行在区块链上的分布式应用或者创建一个新的区块链、维护分布式基础设施，需要大量的手动开发工作以及强大的后台运算能力。区块链即服务可以通过结合平台即服务，提供包含多种开发者工具的大数据基础设施平台，使得用户可以更方便地开发区块链应用，极大地减少了开发工作；也可以结合软件即服务，使用户直接享受到区块链应用的便捷性、安全性；同样也可以只结合基础架构即服务，给予用户最大的开发空间来设计自己的区块链，此时大数据服务只提供区块链的基础架构。

区块链即服务变革的是大数据及云计算的基础架构，解放了封闭的数据服务及云计算基础架构，让大众自己运营基础设施，并能提供丰富的分布式系统特性。基于此，通过企业内部流程再造，基于大数据的区块链存储技术＋智能化物联网＋分布式财务记账的财务系统的构建将是未来会计信息化和智能化的重要应用。基于区块链技术的分布式账簿，是在区块链的技术规则下形成多个机构组成的账簿网络，该账簿利用加密计算机算法——哈希算法——通过协作维护进行数字分布式记账，同时允许不同地理位置多个站点的用户进行交易和资产等智能数据库的分享。

具体操作中，由于区块链的特性，企业在建立账簿的时候就可以建立一个公开透明的企业财务系统，保证财务信息的公开性，从而有利于社会各界对企业财务信息的检查与审核，而且只有私钥才能审定和共享敏感信息，也保证了企业机密的安全性。区块链时间戳的特点可以保证每笔交易时间的准确性，从而无法更改时间点，保证了财务信息的不可篡改，也减轻了审计难度。分布式记账的实质为基于某个特定网络（公开网络或封闭网络）的数字化交易记录数据库，该数据库包含该特定网络内所有参与者的所有交易信息。这些交易信息在区块链技术的应用下可以拥有不可篡改和全面性、可追溯性的特点。每个交易参加者都可以看到交易的所有信息及实时更新的数据情况，防止交易者去做别人已经完成的数据，从而减少了重复性，避免了交易者在时间和算力上的浪费。而且需要经过全网所有交易者的同意才可以进行信息更改，这样就保证了安全性、正确性的提高，从而降低了财务风险。区块链技术实现了账簿的公开和透明，既保障了账簿信息和资产的安全性与准确性，又降低了财务风险和交易成本。

从财务系统的角度讲，每一个节点都储存了一套不可被篡改的、交易历史完整的分布式账簿副本，再通过加密技术来保障安全，而加密技术通过密钥来体现。密钥又有公钥和私钥之分。在每一项交易被添加进财务系统之前，都要经过全网广播取得其他节点的鉴证和核实，不实交易会自动被拒绝写入。数据会被实时监控不受篡改，并且交易信息保持了一致性，从而保证了交易信息的连贯性。在财务管理方面，区块链财务系统提高了会计信息透明度、准确性、时效性和可靠性，满足了会计核算要求，并降低了道德风险。在内部控制方面，降低了对财务信息审核控制的要求，在保障企业财产安全的同时，减少了对相关查验工作的依赖，大大降低了对外部审计基础工作的需求，从而降低了企业成本。从审计角度讲，公司不再需要借助外界的专业审计人员来开展内部审计，所发生的交易信息都已客观实时、真实有序地被集中记录下来，并储存在了财务系统私有链上。而且区块链的不可逆性和时间戳功能使得企业减少了虚假贸易、账目欺诈的可能性，使得会计师事务所等外部机构审计人员审核金融交易的时间大幅减少，大大降低了审计成本。

大数据保证了会计信息的多样化，在区块链技术的基础上可以更高效安全地运用这些信息。大数据由于其数据容量、种类、复杂性的特点使得会计信息的真实性难以保证，数据的可控能力下降，而区块链的分布式记账增加了会计数据的安全性。由于区块链每一个节点的完成都会通告所有的参与者，这样就可以避免经济业务记录的重复性；通过区块链智能合约的应用，降低了编制会计分录时借贷方向和会计科目的错误发生率；区块链不存在中心化的管理机构，任何一节点的权利和义务都是相等的，避免了在总账中出现人为误记账户的发生；区块链下所有记账节点之间可以达成共识去认定一个记录的有效性，可以避免人为因素的发生。区块链对会计行业的发展是变革式的，不只是单纯某一方面的更改，而是财务信息系统的变革。

在分布式分类账中，分类账的所有副本几乎同时更新，创建相同副本且不存在未同步的版本，分类账能够应用在机构的不同业务、法人实体和分部之间。会计人员可以通过其系统看到每笔交易的变动，产生实时报告。这也能增加支付周期数据和供应链中现金变动的可视性，有助于进行更准确的预测性分析和预算拨备，也有助于实施部门支出限制等战略性限制。区块链能够通过促进新交易的产生和整体业务模式的改变对未来战略形成影响。在区块链环境中，财务可以被嵌入数字化、实物以及金融资产中，从而使交易实现自动化。财务账本在未来会形成共同账本，由此可以实现公司的内部账本和银行的记录一致，从而保证了数据的真实性和准确性，还可以实现实时更新。

（三）未来展望

每次技术创新都会带来相应的变革，宏观方面体现在经济、政治、文化、环境的变革，微观方面体现在企业、家庭甚至个人的改变。区块链历经多年的发展，从之前的闻所未闻到现在的名声大噪，都表明其发展潜力巨大。由于区块链去中心化、高度安全性、公开透明的特点再加上分布式账本、非对称加密、共识机制和智能合约的技术使其未来的发展更加光明，既顺应时代又有其发展的应实性。在会计行业它可以提升财务信息的安全性和独立性，从而保障审计的有效性。

如果说区块链技术是通向未来最具创造性和最具前景的技术，那么区块链即服务便是这个技术最有效的载体。“区块链 + 会计服务”又可以分为企业内部“私有区块链 + 会计服务”和企业外部“公有区块链 + 会计服务”。“私有区块链 + 会计服务”搭载在大型企业内部，与传统的计算平台兼容，提供了更强的数据安全性、可追溯性、不可篡改性，以及由于去中心化而减少了极大的性能瓶颈。“公有区块链 + 会计服务”是最新的计算架构，由全球网民维护基础架构，服务提供商使用区块链基础设施继续拓展功能，抽象出服务，但并不拥有区块链的控制权。“区块链 + 会计服务”能应用于任何企业内部和外部的会计财务场景，能提供最基础的账务处理服务，同时还能结合人工智能、智能化物联网等技术，实现会计财务场景的落地、财务会计管理的智能化以及使其更具有实效性和信息处理能力。虽然现今还有很多技术局限以及安全隐患，但最终“区块链 + 会计服务”能给予人们一个自治的、可信的、高效的、智能化的财务会计处理空间。

随着信息技术的发展，大数据技术对人们的生产生活越来越重要。然而，数据的存储、传递等方面还存在一些问题，新兴的区块链技术有望成为大数据时代的新引擎，并在诸多领域产生颠覆性变革。

基于大数据的区块链存储技术 + 智能化物联网 + 分布式财务记账的财务系统是未来区

块链技术在财务会计领域场景落地的必然趋势。但是区块链并没有彻底解决财务信息的安全性，它不是不能被篡改，如果节点掌握超过全网 51% 的算力就有能力篡改和伪造数据，此外还有合作方的信任问题，因为安全性是建立在大量可信节点基础之上的。区块链安全漏洞仍然是分布式账本等应用的一个重要影响因素，如果安全问题得不到解决，那么区块链产业的实际收益可能会受到很大影响。这也导致了本书还存在许多不足，理论上需要进一步深入，实践上需要深入探索。只有提高监督区块链底层技术的自觉性，建立一些相关的规章制度，将区块链基础设施深度结合，与法律深度结合，与互联网人工智能相结合，才能使区块链技术在会计行业健康发展，促进财务信息的安全性和不可篡改性。随着区块链技术的成熟和发展，制约其在财务会计领域应用的相关问题也将迎刃而解，相信区块链技术会在财务会计领域的应用中得到进一步发展。

第五章　大数据与电子商务的运作

第一节　大数据的电子商务物流运作

物流是电子商务交易当中的最后一个步骤，这个步骤将直接实现与买家的沟通，对于整个电商的未来发展和服务改善等方面都具有重要的意义。随着大数据时代的到来，当前一定要积极地对电子商务物流运作进行改进，创建新的运行模式，从而为电子商务的未来发展提供可靠的保障。下面将对大数据的电子商务物流运作策略进行详细的讨论和分析。

一、电子商务物流的发展特点及背景

电子商务物流主要指的就是电子商务当中的最后交易程序，是电子商务发展中所衍生出来的重要行业。由于电子商务的交易范围十分广，产品销售的数量也不确定，因此电子商务对于企业的物流有着不同的要求。同时，在不同的电子商务企业当中也有着不同的物流特点。一般来说 B2B 的交易额度会比较大，在物流方面的需求却比较简单，个性化服务也显得十分的单调。而在 B2C 的交易当中所涉及的客户、商品较为复杂，额度也比较小，并且有着范围不确定的特点，因此这样的交易对于物流的服务要求往往是比较高的。

近年来随着网络的快速发展，电子商务作为一种全新的交易手段已经被越来越多的人所熟知，并且也开始向大众化方向发展，在未来这势必会成为一种重要的消费方式。网购的发展使得电子商务行业快速进步，也正是因为这样的进步才给物流行业提出了更高的要求。由于消费者来自世界各地，因此在物流的安全性、时效性和服务等方面的要求都在不断地提升。

二、大数据的电子商务物流运作策略

现代社会是一个信息爆炸的时代，电子商务是大数据时代发展的佼佼者。当人们在商场进行购物时需要浏览商品并进行对比，然后进行消费，但这个过程中的商品优势无法被进行真正的记录，而在电子商务当中，人们通过网页浏览的方式不仅可以实现收藏，同时

还能够根据个人的喜好收到商品推荐。可以说在现代社会中准确地为消费者推荐商品已经成为了电子商务发展中的一项重要趋势。消费者在网站进行浏览和消费的过程中都会留下一定的痕迹，这些痕迹也就是用户的个人喜好数据内容，电商企业通过对这些数据的收集和整理进一步地对用户需求进行分析，从而更加精准地为客户提供商品和服务，这对电子商务的发展和企业的利润提升将产生重要的作用。

（一）中小型电商企业的物流运作策略

中小型电商企业的物流订单是比较复杂的，电商企业对数据进行高效的分析将直接节省出大量的时间，从而提升市场价值。对于这些电商企业来说，第三方的物流将是一种十分有效的运作方式。对此，作为电商企业首先应当选择较为可靠的物流进行长期的合作，当电商企业有了一定的订单以后，在确保双方利益的前提条件下再与物流方达成协议，从而促使双方利益得到提升。最后，应当建立起相应的大数据物流控制系统。在控制系统当中需要将整个物流过程进行全面的跟踪和梳理，这样才能进一步为客户提供可靠的物流服务，同时也能为物流的安全和高效提供基础保障，促使整个物流过程以最优效率的方式得到完成。

（二）大型电商企业的物流运作策略

对于一些规模比较大的电商企业来说，在物流运作方面最为重要的就是配送的质量。因为大型电商企业的客户一般对此方面的要求会更高，这就要求其在进行物流配送的过程中要不断融入现代化的物流模式和方法，充分应用自动化物流设备，以便能提升作业的整体效率和质量。大型电商企业在物流的配送环节中所涉及的内容要更加广泛，需要整个团队来进行协作，这也是大型电商企业都愿意选择建立自己的物流团队的原因。与三方物流相比较，利用自建的物流团队进行物流运输，在整个过程中对于产品质量和服务的保障将更加可靠，同时在一些产品的处理过程中也能更加灵活，对提升整个商品的附加价值，提升企业的信誉和服务质量都将产生重要意义。这样的物流运作环境，对企业的市场口碑提升和产品的推广也将起到积极意义，对企业未来发展是百利而无一害的。

在大数据时代的发展背景下，物流运作将是促使电子商务进一步发展的关键所在，也是企业的宝贵财富。因此，当前阶段我国的电子商务物流一定要根据自身的企业实际情况来建立起科学的运作方式，从整体上考虑到客户的实际需求，争取在大数据时代中占领市场的一席之地，为企业的未来发展提供可靠的保障。

第二节　大数据的电子商务退货物流控制

我国电子商务发展迅速，目前已进入快速扩张和密集创新的新阶段，日益成为拉动我国消费需求、促进产业升级、发展现代化服务业的重要引擎。然而，在电子商务快速发展的过程中，一些问题也日益突显，其中，电子商务退货物流一直是一个关注度持续增长的问题。随着网购的发展和客户要求的提高，退货物流的产生会越来越多，从根本上控制电子商务退货物流的产生就显得很有必要。以下将在大数据时代的整体背景下，分析退货物流的成因，并对大数据应用于电子商务退货物流控制进行流程设计。

一、电子商务退货问题现状

伴随着互联网时代的到来，电子商务以其线上交易的便捷性、集成性、低成本性而获得快速发展。电子商务飞速发展带来的商业机会和消费热点引起政府、学者以及企业等各级人士广泛关注，这一新兴行业将对促进消费和拉动经济起到重要作用。据中国电子商务研究中心监测数据显示，仅 2016 年中国电子商务市场总交易规模为 22.97 万亿元，同比增长 25.5%；网购用户规模达到 5 亿人，同比增长 8.6%；规模以上快递企业营收为 4005 亿元，同比增长 44.6%，这些数据显示 2016 年中国电商规模持续增长且涨幅平稳，当时也预计中国电子商务在较长一段时间内都会呈现平稳增长趋势，而事实也确实如此。

但是，由于行业没有标准化，导致电子商务在发展过程中出现许多问题，比如电子商务的退货问题正逐步成为困扰电商企业和物流企业的大问题。退货比例的逐步上升，使得退货成本居高不下，退货过程中的物流成本、商品残损成本等都会给电商平台、供应方、物流方以及消费者带来利益损失。据国家邮政局网站和中国行业研究网数据显示，2016 年双十一网销期间，共产生快递订单量约 1.8 亿件，与 2015 年的订单量相比，增加了 84%；各快递业每天共处理快递量为 6000 万件以上，同比上涨 45%。然而，双十一过后的电商退货率却达到了 25%，部分商家高达 40%，极高的退货率与巨大订单量形成对比，这使得快递企业负担了更多的工作量。

大量的退货订单，给电子商务企业以及物流企业带来了巨大压力和挑战。除了双十一期间的高退货率，在平常时段由于商家售卖假货、消费者冲动购物以及快递损毁等各种原因引发的退货也日益增多。不管何种原因进行退货，都关系到买家、卖家和物流企业等多方利益。退货率对电商企业而言较为敏感，由此带来的物流成本、货物破损成本等也是企业较为重视的成本问题。

在这种环境下，人们对电子商务退货问题的关注度也越来越高，诸多学者从不同背景下进行了研究。程满华等对“天猫商城”退货物流模式的选择进行了展开研究，认为第三方逆向物流模式是较为适合的退货物流方式；翁朝旭等针对当下的电商环境提出联合构建逆向物流网络的思想，旨在降低逆向物流的回收成本，形成规模效应和溢出效应；卢冰原等站在物流需求角度，提出基于退货物流的逆向物流柔性联合体协作模式，整合电子商务退货物流的相关可用资源，构建电子商务退货物流智能化信息平台，降低快递业负担，分散退货风险；赵晓敏等将正向物流和逆向物流融为一体，借助动态建模方法探讨电子商务退货对供应链系统运作的影响。

以上研究均从优化电子商务退货物流的角度进行研究，然而关于寻找退货缘由，从减少和控制电子商务退货物流产生的角度来研究的文献却相对较少。下面将基于大数据整体环境，结合电子商务数据的特点，对电商退货原因的寻找过程进行初步流程设计。以期通过数据分析得出退货的根本原因，使得电子商务平台能够得到合理规制，提高用户体验，使线上购物效果匹敌线下购物，减少退货物流的产生，节约社会成本，促使电子商务及电商物流更快、更稳地发展。

二、电子商务贸易流通中的数据特点

（一）多变性

电子商务数据的多变性是由其本身的特性决定的。一方面，电商平台上交易范围广泛、种类多变，各类商品琳琅满目、丰富多样，并且同一商品还包括不同品种和品牌；另一方面，电子商务的商品形态各异，随着现代社会行业分类的细化，商业交易除了以有形商品为交易对象以外，还包括无形商品。此外，商品价格、供需量也会随着季节更替、物价水平、促销活动等因素的影响而发生变化。

（二）复杂性

电子商务贸易过程不同于传统交易方式只涉及买卖双方，电子商务交易过程中有卖家、买家、电商平台、物流等多方，所产生的流通数据也数量庞大且复杂。

（三）时效性

与其他各类行业数据一样，电商贸易中的数据讲究时效，不同时间段内数据的价值也不一样。电商数据时效性追求的是数据更新速度快，数据仅在一定时间段内对决策具有价值，超过一定时间，数据便会成为无效、废弃的数据，失去分析意义。电子商务流通过程中的数据分析与处理，如果忽视数据时效性，将会在很大程度上制约着商业决策的客观效果。

三、大数据在电子商务退货物流控制中的应用流程设计

根据电子商务退货订单中的可得数据，结合大数据的四步基本处理流程，研究电子商务退货物流产生的原因。

（一）数据收集

利用数据库来接收发自电子商务平台客户端的退货数据，这些数据包括结构型、半结构型和非结构型数据。但是由于电子商务平台网站的并发访问量较高，所以在收集端必须部署大量数据库才能支撑数据收集工作。另外，数据类型和指标的选择也会影响数据分析结果的正确性。因此，收集准确、及时、完整的数据有利于后续大数据处理流程的顺利开展。引起退货物流发生的原因常常来自恶意营销、物流损毁以及冲动购买等，因此主要围绕电子商务平台、商家、电商物流以及最终用户来收集数据。

（二）数据处理

由于采集的退货数据来自多个异种数据源，数据收集过程可能会收集到噪声数据、缺失值和不一致的数据，而低质量的数据将会导致低质量的挖掘结果，使得数据分析失去意义，因此要对收集的数据进行处理加工，整理成适合分析的数据结构。其中包括数据清理、数据集成、数据归约和数据变换。传统背景下数据处理更多的是对数据库进行清洗，比如 MySQL 数据库、Oracle 之类的数据，这些数据维度少、模式固定。但是在大数据背景下，由于数据来源广泛、结构多样以及数据量大，数据处理更倾向于对数据仓库的清洗。

（三）数据分析

数据处理之后，接下来可通过绘制图表、计算某些特征量等手段进行数据的特征分析。通过对退货数据的分析，辨别消费者、商家、物流、电商平台当中哪个是引起退货的主要原因。主要利用分布式数据库，或者分布式计算集群来对存储于其内的海量数据进行普通的分析和分类汇总等，以满足大多数常见的分析需求。数据分析包括分布分析、对比分析、统计量分析、周期性分析以及相关性分析。

通过聚类发现退货数据分布的特点及原因，比如，按照某个维度进行聚类并分析聚类结果；通过决策树分析退货产生的原因，依据消费者的退货理由，进行逐层分析；通过关联规则，发现某一组数据中不同维度的相关性，从而推测退货原因，比如，分析商品退货率与商品质量之间的相关程度，推测商品质量是否是引起某些退货产生的原因。分析的过程可以看出数据的分布特征、数据关联性，以此来判断数据之间的相互关系，推测出电商退货原因。

（四）数据解释

数据解释利用最佳的可视化组合、收集、提取并探索数据，从对消费者、商家、物流、电商平台的分析中得出结论，并通过数据可视化技术、人机交互技术进一步体现出来。数据解释将引起退货物流的原因归纳为：购买行为冲动、消费者与商家之间信息不对称、商品本身问题、物流问题以及网络欺诈。移动终端将数据解释的结果呈现给电子商务平台管理者及使用者，总结退货物流产生的原因并做出矫正措施，为买卖双方提供一个更加高效、便捷、安全的网络交易环境，降低了退货物流带来的买卖双方成本。

随着消费者不断追求更高的客户体验，电子商务的流通运营模式必须不断优化，以弥补线上交易的漏洞和不足。而退货物流的不断增加，必将引起企业和用户的共同关注。从寻找电商退货原因的角度，借助数据分析来加强对电商退货物流的控制，减少不必要的退货物流成本，不仅能够减少快递业的负担，也能够提高多方企业的效益。

第三节　大数据的电子商务活动页面设计

在互联网时代，大数据意识正在电商行业中普及，97.9% 的电商企业认为大数据有利于电商行业的健康发展，但有超过半数的被调查企业认为自身电商数据分析能力欠缺。仍以 2016 年为例，电商数据显示，93% 的消费者认为页面的视觉效果是影响他们决定是否购买产品的主要因素。42% 的消费者会根据页面设计效果产生对该产品的印象，如果不喜欢页面的设计风格，有 52% 的消费者会放弃访问，之后也不会再继续访问。互联网时代的电商行业正朝着个性化的方向发展，所以电商行业要改变以往商家做主、疯狂砸钱去做引流的广告设计理念，重视用户体验，做到精准投放，打造让用户满意、舒心的购物环境。

一、活动页面设计现状分析

随着电商行业的迅速发展，大批设计师涌入电商行业，很多服务于店铺的电商设计师都是非专业的，他们常用的方法就是套用模板、拼素材，设计师普遍缺乏品牌意识。服务于平台的设计师虽然有一定的设计能力，但不懂用户心理，更不会运用大数据分析策略，设计出的页面千篇一律，很容易让用户产生审美疲劳，也很难让商家脱颖而出，即便用户进入页面，也会由于用户体验不佳而失去购物兴趣，导致转化率降低。

据统计，现有的电商活动页面设计中存在以下几方面的问题。页面框架缺乏逻辑性和统一性，不重视页面的品质、腔调、气质，缺乏差异化设计，页面色彩搭配不合理，这些都降低了页面的档次。活动页面的产品推广缺乏重点，导航分类不清晰，页面操作体验感差，在文案设计上，文案多而乱，很难让用户在第一时间判断出产品的利益点，这些现象在很大程度上影响了用户决策，最终影响了销量。

在电子商务蓬勃发展的背景下，低效的页面设计阻碍了电商行业在竞争中成长，提升用户体验成为电商行业发展的关键。在大数据的基础上提出基于用户体验的电商页面设计策略具有非常广泛和重要的社会意义。

二、活动页面设计策略

电商大型活动页面设计的工作流程包括前期策划、页面设计和后期优化三个阶段，在前期策划阶段主要围绕活动主题，根据产品目标人群的特点进行分析，确定活动的利益点，收集产品相关素材，最后确定页面的整体风格等。电商页面设计师的设计决策要建立于数据之上，要学会利用数据来改善设计、取悦用户。比如页面设计得是否成功，主要看用户在活动页面中停留时间的长短。还可以通过大数据查看店铺的流量和转化率，分析用户的满意度，这些数据是做好活动页面的重要指标。

（一）构建用户画像、分析用户偏好

在前期策划阶段，首先要对产品的消费人群进行分析，如对客户访问时段分布、地域分布、特征分布、行为分布和访问对比进行分析，从而确定目标人群。分析用户最好的办法就是建立用户画像，它是目前产品设计中最重要的设计工具，依靠用户数据创建用户画像在大数据时代已经越来越受到重视。有了用户画像，才能给目标用户提供个性化的服务，进而有效地提升用户体验。

用户画像主要依赖于用户的动态数据，用户的动态数据就是用户的行为信息，如搜索、浏览、收藏、加入购物车、购买、使用优惠券、评论和退货等操作。这些用户行为是用户动态信息的唯一数据来源。

对于电商活动页面设计师来说，用户画像的目的是通过分析用户行为，确定用户的偏好，并在表格中为每个用户的偏好打上标签，以及确定该标签的权重。如连衣裙 1.0，裤子 0.5 等。标签表示用户感兴趣或有需求的产品，权重表示了用户对该产品的兴趣和偏好程度。通过大数据分析，可以更详细地刻画用户画像，从而做到因地制宜的精准投放。

（二）产品和文案设计

通过大数据对同类店铺中引流最高的店铺进行分析，判断哪些产品属于热卖产品，并借鉴产品的搜索关键词。比如连衣裙，可以根据大数据中的搜索人气、点击率、成交指数和转化率等数据，确定到底选择连衣裙长袖、连衣裙小清新、连衣裙新款、连衣裙女等哪些关键词为自己商品的搜索关键词。

电商界面的文案表达直接关系到页面的利益点，研究发现，互联网上 60% 的文字信

息用户是不会去阅读的，所以文案是否简单明了，直接影响着用户的决策时间。满屏的文字信息，霸王硬上弓式的信息传播方式，已经很难使用户产生共鸣了。可以根据用户画像，结合用户的偏好，从用户的情感倾向出发，激起用户的情感需求，使其产生情感共鸣。

在父亲节、母亲节、教师节等传统节日可以利用人性的感恩心理，通过页面渲染来激发用户的购买欲望。电商活动页面设计师可以综合运用多种元素，以增加用户的接受程度，提升用户体验，从而增强购物的兴趣，增强对企业或产品的关注度。

（三）页面设计

电商页面作为电商的门面，最直观、最快捷地影响着电商的用户体验。页面设计师要改变用直觉指导设计的方式，要利用大数据指导设计。

1. 以用户体验为中心制订页面框架

人们缺少耐心，在页面上不会停留太久，所以要尽可能让用户在短时间内扫描完整个页面，并且能明白产品的卖点。用户体验的整个开发流程，都是为了确保用户在页面上的所有体验不会发生在活动策划之外，所以要考虑用户有可能采取的每一个行为，根据这些行为习惯去规划页面框架。

前期策划阶段，要确定页面的风格、色彩和框架结构，确定活动页面中的店铺招牌、导航、首页焦点资源位、促销专区、产品分类、新品和推荐等主要模块的位置，让页面尽可能符合用户视觉扫描的习惯，让用户在最短的时间内获取主要信息。

常见的页面布局有几何形状分割布局、主体轮廓布局、流程图布局和整体场景布局等。使用简单的三角形、方形或圆形等几何形状对页面进行分割，这类构图方式对内容没有过多要求，是现在活动页面用得最多、最普遍的一种构图方式。主体轮廓布局一般是利用一个跟主题元素相关的素材外轮廓作为页面的主体轮廓，如圣诞节主题的活动页面，可以使用圣诞树元素作为页面主体轮廓，将活动页面的内容以巧妙的方式填充进去。主体不需要太具象，要舍弃一些烦琐的元素，以免影响用户阅读内容。这种处理方式能够让用户一眼就了解到活动信息，也增强了设计感。流程图布局的方式可以向用户直观地展示活动的各个节点及整体流向，使用户浏览起来简单明了。

整体场景布局一般使用插画方式制作，场景中可以搭配动画，创造出浸入式的体验。在场景中，可以放置多个有代表性的产品，这种方式能增加代入感，带动用户情绪，不仅弱化了广告的意图，还能提高用户对产品的接受程度。不过需要注意的是，场景搭建对素材的要求比较高，明暗、阴影、透视、层次感以及体积都需要用心处理，还要注意场景不能抢了内容的视觉焦点，把干扰信息传达的元素尽可能简化或删除，让产品和主要信息更加清晰明确。

在页面设计越来越注重个性、趣味性以及视觉感受力的今天，活动页面的构图千变万化，以上的页面布局方法可以搭配使用，但要强调页面的统一性和逻辑性，还要注意视觉导向的作用。

电商页面色彩设计要符合活动主题和产品特性，同时兼顾用户画像中的色彩喜好，选用合适的主色调与活动主题相适应，突出整个活动页面的氛围。页面中主要的颜色最好不要超过三种，可以选择产品颜色作为整体画面的主色调。价格和按钮可使用页面的主色调，抢购按钮可以使用幽灵按钮，鼠标移上去才变为实心色块，避免太多重色扰乱页面核心产品图。页面的极简设计风格已是大势所趋。

2. 构建内容电商模块

传统电商中人们都是通过比价或者根据对各个页面的好感程度进行下单。现在越来越多的人在看直播或看帖子的过程中产生了购买行为，这就是内容电商。内容电商更多是通过让消费者在欣赏内容的情况下，不知不觉地接受商品，并产生购买行为。内容电商的核心是人为创造沉浸式、冲动式、隔离式，单独评估的消费场景，在这种场景下诱导消费者进行消费。

研究发现，96% 的消费者认为视频更容易让他们做出购买决定。另外 93% 的线上消费者表示，视频让比价、比货更方便。电商网站将产品图片换成视频之后，客户转化率提升了 12.62%。而且，58% 的消费者认为，制作视频的电商企业更值得信赖。这些数据表明，在活动页面中加入视频会获得巨大优势。所以在不影响活动页面模块的情况下，可以考虑增加内容电商模块。如插入高清高适配的视频或者直播等内容，塑造沉浸式场景，视频的展示过程，是单独评估的过程，购物入口在视频结束后透出，能够及时响应人们的购买需求。

3. 页面导航设计

导航能帮助用户明确当前所在的页面位置，并快捷返回之前的页面。导航是最能增强用户体验的一个细节。导航在命名方式上最好采用两个字，短小精悍，排列整齐。页面中的每个产品都要有属于它的唯一导航，在用词方面要尽量避免歧义，这样能减少用户在购物时产生疑问，让用户在第一时间做出反应。

导航在设计上不应该抓住用户的注意力，只要低调地扮演协助主导航的角色，让用户在购物时完全不受到它的干扰即可。在导航的编排上，导航关键词用加粗格式予以展现，能使用户十分清楚地找到进入自己目标页面的入口，从而增强了导航的可用性。

（四）页面后期优化设计

在消费者越来越讲究用户体验，商家越来越看重差异化的时代，要重视与客户的感情培养，让客户产生信任感和依赖感，并不断地从同行中吸取各种经验，进行页面的优化设计，以适应当下的用户需求。

在页面上线之后，设计师还要多看数据、多做总结。通过查看页面在不同日期的访问量，确定各个页面的冷热度，验证用户是否按照既定的店内路径进行流转，从而判断是否需要调整访问路径。根据活动页面的转化率数据，分析每个页面细节中存在的问题与不足，找出需要优化的地方，比如调整素材、调整产品位置等。优化后的页面会更人性化，用户会更加忠于这个店铺，同时对页面的瑕疵也会有更高包容度。

未来，电商行业只有运用大数据技术和云计算技术才能让营销定位更精准，从而促进电商产业的转型升级。电商活动页面设计的前期策划、页面设计和后期优化阶段，应充分运用大数据的分析提升文案、页面设计效果，从而让企业在众多的电商企业中脱颖而出，提高电商企业的品牌形象，给用户带来更佳的购物体验，激发用户购买欲望，减少页面的跳失率，最终提高转化率，给电商企业带来巨大的经济效益。

第四节　大数据背景下的电子商务企业核心竞争力

大数据是指数量庞大的信息数据，电商企业在大数据时代获得了很好的发展契机，同时也为社会创造了良好的经济利益。

一、电商企业存在的价值和独特优势

（一）电商企业存在的价值

目前社会对电商企业有多种定义，其中一种认为电商企业为消费者提供支付契机，通过营销、传媒等工作手段，以崭新的工作方式，构建网络载体。电商企业根据工作性质可以被理解为网络电子商城，借助网站工作平台实现信息流、物流和经济流等多种网络工作模式，为在线商城提供工作服务，实现商品的销售以及资金的回流。

（二）电商企业的独特优势

电商企业在发展过程具有独特的工作特点，为的是电商企业能够更好地适应市场经济环境，在发展过程中得到快速成长，保证其独有的发展优势。要保持竞争优势就需要企业在发展过程中建立良好的经济秩序，企业电子商务工作的完善可以从以下两个方面进行。

1. 企业工作成本控制

电商企业实现了生产厂家和客户直接进行交易的工作环节，在此期间，没有中间商赚差价，消费者拿到了性价比更高的商品。在这一交易环节中，企业和消费者在两点一线间进行合作，这在很大程度上减少了物流运输成本，提高了企业的利润空间，保证了企业在市场经济中的竞争优势。

2. 提高交易成功率

大数据的网络信息工作环境为电商企业提供了更加广泛的交易空间，在交易过程中企业可以利用信息资源的共享性提升商品交易的成功率，从而获得更大的利益。电商企业的交易效率高，是因为大数据时代背景下的自由化、虚拟化的工作平台，这些工作平台促成了交易的成功率，保证了电商企业的核心竞争力。另外更公平的交易方式也为电商企业带来了更好的工作发展契机。

二、提升电商企业核心竞争力的重要方式

在大数据的时代背景下，提升电商企业的核心竞争力十分重要，这就需要电商企业在工作过程中建立合适的工作发展平台，提升企业核心竞争力，从商品品质和服务水平等几个方面进行提升，保证企业在市场经济环境下的主导地位。

（一）提升大数据的信息综合利用率

大数据是网络信息时代的科技产物，在工作管理历程中，它展现出了独特的科技魅力以及工作灵活性，另外它也是电商平台和支付平台的集合体，可以在作业过程中对更多的信息进行存储。工作时，它对消费者消费信息、消费情况进行记录，根据这些信息数据，电商企业就能提升交易成功率，让电商企业在复杂的竞争环境下得到发展。

在大数据的信息环境背景下，电商企业面对同行的竞争压力，想要在竞争中脱颖而出，就不仅仅需要保证产品的质量，还要将自身的核心管理工作进行落实，通过对相关的工作数据进行分析得出工作结论。不同电商企业对大数据信息技术的应用水平不同，更好地利用网络信息可以提升电商企业产品在网站中被列入索引的概率，提升企业知名度，创造新的产品销售记录，以及更多的销售利润。

（二）电商物流一体化的工作管理方式

现代电商企业的发展离不开物流，物流也是电商企业完成交易、维护客户的关键，因此在交易运作过程中需要对电商企业的核心竞争力进行分析，保证电子商务和物流一体化的运作效果。电商和物流的合作会在未来的工作中成为必然，因此在工作管理过程中，企业必须对相应的工作发展机制进行创新，提升企业的物流配送效率，确立独特的商品流通方式。

在企业经营管理过程中，降低商品的流动成本，减少货损情况出现的概率。合理的物流运营渠道可以保证企业进行商品交易时的时效性和可控性，但是企业需要建立自己独有的信息管理平台，对物流配送的“最后一公里”进行研究，解决企业在工作过程中因信息不对称或数据不及时造成的销售损失。电商企业要建立有效的物流配送管理机制，完善物流供应链。

大数据时代下的电商企业迎来了很好的发展契机，在经营发展过程中企业逐渐壮大，也引入了新的信息管理平台技术，拓展了经营管理工作的影响力。电商企业在好的发展环

境下将面对更大的竞争压力，这就需要其在完成交易后，深入分析客户的需求，从而更好地为客户服务。这样将使电商企业在大数据时代的发展状况下拥有更高的市场经济地位。

第五节　大数据的线上及线下电子商务用户数据挖掘

当前的社会发展背景下，电子商务的发展进程逐年加快，它的实际应用价值逐步得以突显，特别是企业内部数据和社交网络下的数据交接也使电子商务的发展呈现出爆炸式的发展态势。这就使用户数据管理工作的落实极具难度，特别是大数据时代来临之后，电子商务的发展也体现了一定的多元化特征，如何应对这一大数据的发展形势并获取更为精准的用户数据，是大数据发展背景下的重点和难点问题。基于这一发展形势，实现线上及线下的电商用户数据挖掘就显得尤为重要。

一、大数据发展背景下的线上及线下用户数据挖掘方式分析

（一）分析数据挖掘过程

O2O 用户数据挖掘过程体现了一定的自动化特征，特别是数据搜集环节，但很多时候会缺乏最终的目标。要想从诸多的数据搜集位置中获取更多的数据信息，只需要对大数据信息实施相应的预处理，然后应用适宜的计算手段，对大数据内容进行解析。

在实际的大数据挖掘过程中，应当事先辨别用户群的特征，而后对用户的个人特点进行分析，并以此为基础，获取所需的数据信息，体现用户数据挖掘的商业价值。

通过对数据搜集方式进行相应的分析，发现 O2O 平台所搜集的用户数据不仅包括平台交易数据，同时还涵盖着设备终端和社交网络等的数据。这些用户数据的搜集过程体现了一定的流动性，同时，这些数据和信息在流动中也实现着交叉和融合。此时可以结合数据交易和互动的具体情况，将数据处理分为三个部分，分别为数据抽取、数据准备以及数据的转化，这些环节的数据处理质量，可以直接对后期的数据挖掘效率产生极大的影响，甚至可以决定数据挖掘工作的成败。

对用户的原始数据进行分析，其中会含有诸多的噪声数据和冗余信息等，所以在处理这些数据信息的过程中，需要对其进行清晰化处理，并对其质量进行提取。应用半结构或是结构数据处理方式，对冗余数据进行自动过滤，提取其中的重点和关键数据内容，提高数据的关联性，突显数据的实际特性，促使数据实现有机的统一，构成新的数据系统。

数据的应用和挖掘过程，一般会结合商家的实际需要，而后选择最为适宜的模型系统，实施针对性的数据挖掘工作，在此过程中，还需要对这些数据信息进行更新，参照商家的实际需要，总结数据挖掘的模型。通过对主要的、常用的数据挖掘模型进行分析，比如进

行聚类分析、关联分析和类型分析等，可以发现这些数据模型都需要根据用户的兴趣、性别以及年龄等信息进行挖掘，将其应用到大数据可视化的计算和分析之中，还可体现它的实际应用优势和价值。

（二）对于数据挖掘方式的分析

在对数据进行挖掘的过程中，数据信息可以使商家明确自身未来的发展趋势，而后借助相关的数据分析软件分析数据变化图，商家可以做出精准化的决策和方案。此外还可以对用户的相关数据进行深度挖掘，对用户的行为规律进行总结和归纳。

其中的聚类分析就是对数据所体现的共同点进行分析，对数据进行分类，例如可以从用户购买力、用户属性以及满意度等层面进行分析，发掘出不同客户群体，而后对其社会属性和社会关系予以定位，逐步再对用户之中潜在的资源予以发掘，促使用户所体现的关系网更具关联性，利于后期的客户源拓展。

二、大数据背景下用户数据挖掘后的利用途径分析

（一）对用户进行精准化定位

O2O 的发展模式，可以对用户的相关数据信息进行深度挖掘，结合市场的运作需要，对用户人群实施精准的定位，选择最为适宜的、极具针对性的用户营销方案，而后应用数据加工、搜集以及处理等方案，明确用户群体的消费水平和购买习惯，逐步总结用户的消费行为。以此为基础，还能对用户的实际消费能力进行推断，这样可以结合用户的购买水平，制订最具针对性的营销方案，间接地降低了商家的运营成本。此外运用数据挖掘的方式还可以对用户之间的价值高度进行区别，基于最终的成本控制情况，对营销策略进行改变，最终提高商家的经济收益。

（二）对网络平台不断优化

电商网站可对用户下单习惯以及访问情况进行分析，而后对这些数据进行深度挖掘，对自身网站中的内容和结构进行相应的更改，例如用户交易量和点击量高的产品，可以放置在显著位置用来吸引用户，与此同时，还要对用户的期望商品和有关网页进行链接，这样就可以节省客户的时间，提高客户的下单率。

综上所述，在当前大数据快速发展的背景下，我国的科学技术水平在不断提高，电商在这一发展背景下实现了高速发展，特别是数据挖掘技术和云计算技术的高速发展，促使 O2O 电子商务发展理念也逐步转变为用户的满意度为上。所以，商家要想提高自身的经济收益，就要通过数据挖掘，掌握用户对产品的应用需求，获取最为精准化的数据信息作为支撑。

第六节　供应链网络信息的大数据精准营销

大数据概念在 1980 年由托夫勒在《第三次浪潮》中提出，是指大小超出了典型数据库软件的采集、储存、管理和分析等能力的数据集。李国杰院士指出大数据是实施“创新驱动发展”战略的重要机遇，我国以百度、阿里巴巴和腾讯（BAT）为代表的网络服务公司已具有与国际上大公司竞争的经济实力和技术基础。目前大数据成了贯彻“创新驱动发展”战略的重要资源，具有较高使用价值，各产业都可通过对大数据的深度挖掘及整合充分利用其价值，提升产业化供应链中网络信息的价值。

一、大数据精准营销

（一）精准营销的概念

精准营销是为了提高和促进营销业绩的达成，向目标顾客提供服务或者信息影响其购买意向和决策的过程。要做到精准营销，需要将渠道、时间、目标顾客和信息这四要素进行正确而充分的结合。精准营销是在精准定位的基础上，与顾客建立个性化的沟通服务体系，实现低成本战略。虽然目前还没有一套成熟且完整的关于精准营销的体系，但是能够达成共识的是精准营销可以依赖于大数据，对顾客需求及消费偏好进行标签分类，精准地划分顾客群体然后准确地进行营销，最终达到低投入、高产出的营销目标。

（二）精准营销的价值

精准营销对于供应链网络成员都有巨大的价值。对消费者而言，精准营销是一种个性化的营销方式，提升了消费者的时间效率。传统的营销方式不能精准触达消费者，因此消费者进行购买行为的时间轴就会被拉长，而且在购买决定中犹豫不决。基于精准营销，企业可以把消费者所需的商品推送到消费者面前，节约消费者搜索目标商品的时间和精力。对于企业而言，营销业绩和投资回报率会有所提高，因为精准营销剔除了中间各种烦琐环节，精准地触达消费者，可降低整体顾客成本，从而降低商品成本，提升了整条供应链的收益。

二、基于供应链网络信息的电商精准营销模型和策略

（一）供应链网络与精准营销

电子商务的终极价值是优化产业和供应链，电商企业作为供应链网络中的重要节点连

接着上下游企业，如果能够有效地整合商流、物流、资金流和信息流，协同整个供应链网络的数据进行深度挖掘和整合，尤其针对供应链网络中的终端客户进行有效互动，就能实现准确细分和定位。精准营销的成功实施，需要企业与下游企业共享信息资源，同时也需要与上游企业协作整合资源，以满足客户需求。

（二）基于大数据的精准营销模型

基于大数据的精准营销模型是指对大数据进行收集、处理及应用，然后输出相对应的精准营销方案，再反馈到前端的供应网络，协同完成产品和服务，最后推向客户，是一个基于供应链网络的不断整合资源的复杂过程。相对应的营销方案依托于大数据，因此准确度会更高，更能准确触达目标顾客。在基于大数据的精准营销模型中，最底层是大数据的收集，包括日志信息、论坛信息、微博信息、社会网络信息和交易信息等，数据来源于公司内部或者外部。将收集来的大数据放入网络营销模型中，用算法库的方法归类，再用大数据计算方式计算，以并行计算框架计算分析数据，最后将大数据中提取的信息运用到网络营销中，可输出相对应的大数据网络营销模式，如关联规则挖掘营销、商品地理营销、社会网络营销、用户行为分析营销、个性化推荐营销、基于现代通信工具的大数据分析营销。

（三）基于大数据的精准营销策略

电商企业基于大数据的精准营销方式中，主要使用了搜索引擎、个性化推荐引擎、短信或电子邮件营销等。

1. 搜索引擎

搜索引擎在流量导入方面扮演着重要的作用，对于电商企业来说，搜索引擎营销（SEM）和搜索引擎优化（SEO）是常用的精准营销策略。阿里系电商在SEM方面投入很大，采取搜索引擎中的竞价排名，按点击付费方式导入大量客流。例如，在搜索引擎百度中搜索“连衣裙”等畅销品关键词时，可以看到天猫或淘宝的商品排行在前列。因为阿里购买了畅销品或品牌的关键词，所以可以看到淘宝或天猫的关键词商品大多出现在SEO前列，通过这样的引导，当消费者想要购买某个商品时就会自然而然地想到淘宝或天猫。淘宝和天猫的SEO站内网站也在不断优化当中，站内分类更加科学、合理且明确，利于用户从浏览转化为购买。首先连衣裙作为主要关键字出现在天猫主页面关键字中，当消费者顺着引导点击连衣裙时，可根据品牌、袖长、裙型、领型、服装款式细节、上市年份季节、尺码等迅速定位自己所需产品，为消费者节省了时间和精力，同时也增强了用户体验。

2. 个性化推荐引擎

相比于搜索引擎，电商平台的站内个性化推荐能主动出击触及用户，提高用户的转化率。个性化推荐引擎是基于用户画像和商品画像结合而进行的。首先进行数据收集和储存，数据可以是离线或者实时数据，可来自消费者、供应链网络中的合作伙伴或企业内部。接下来是对数据进行离线或在线分析，主要包括数据的清洗和建模。数据清洗就是过滤掉残缺、重复、不一致的数据，比如点击作弊、交易作弊、评价作弊等数据，数据清洗后，对数据进行建模，也就是将用户画像和商品画像进行精准关联，最后根据在线推荐系统输出精准推送。例如在淘宝或天猫中，经常可以看到一些个性化推荐，例如“猜你喜欢”“看了又看”“掌柜热卖”“最佳组合”“您可能还需要”“购买了该商品的用户还购买了”等定制化的推送，引导用户购买和再次购买。

3. 短信或电子邮件营销

电商企业还经常会通过智能系统给用户发送购买建议。这些建议主要是通过邮件、短信、微信推送、优惠券发放等方式进行。电商企业会根据用户画像的标签去给用户进行分类，进而针对不同类型的用户发送相对应的个性化短信或邮件。需要指出的是，短信或电子邮件营销转换率都偏低，但是随着用户画像越来越精准后，精准营销可以将转换率提高40%。精准化的短信或电子邮件营销方式不仅提高用户转换率，还给用户提供了贴心且及时的用户体验。

（四）大数据背景下电商精准营销的现状和问题

1. 现状

根据艾瑞数据显示，2016年中国的电子商务市场交易规模达到20.2万亿元，增长23.6%，其中网络购物占比为23.3%。在B2B电商领域，2016年中国中小企业B2B平台服务营收规模超230亿元，同比增长17%。到2021年，我国电子商务领域依然保持着增长趋势。可见电商企业近年的高速发展离不开大数据，现在电子商务已经进入了大数据的电子商务阶段。

在大数据背景下，基于供应链网络信息挖掘的电商企业针对目标客户群进行精准营销可以实现以下目标：①提升电子商务广告精准度。精准营销利用信息技术对数据进行收集和分析，通过细分市场，对细分后的市场和消费者的需求以及购物行为特征进行分析和定位，确定供应链网络目标消费群，接着对其采取有针对性的产品和服务信息宣传。这样可以大大提升消费者的购买率，从而降低广告成本，大幅提高了广告的精准度。②减少交易成本和提高交易效率。精准营销可以省去中间烦琐的传导环节，避免信息在传递的过程中失真，直接一对一把产品和服务信息准确无误地传递给消费者。③提升消费者获得的让渡价值。当电商企业进行差异化的精准营销服务时，可以增加消费者的满意程度，从而增加其得到的总价值。④精准营销还能提高广告的有效性以及减少营销渠道，对于企业来说销售成本减少，对于消费者来说可以更低的价格购买所需产品或服务。

2. 问题

（1）中小型电商企业大数据平台存在的问题

有些中小型电商企业还没有开启大数据电商模式，其中一些企业只是创建了网站，但是几乎没有在网站上更新商品信息或者更新迭代速度太慢，无法满足消费者的需求。其原因一方面是这些中小型电商企业的数据采集具有局限性，掌握的数据资源比较少，即使累积了一些数据资源，但是这些数据是分散的、无规律的、割裂的、静态的。另一方面，中小型电商企业在数据碎片整合上也存在困难，受限于专业知识和技术，缺少数据整合能力，无法将海量的数据从各个区域、数据库中提取出来并进行整合，而且在对数据的处理上也只能运用简单的数据处理方法进行分析，不能勾勒出用户精准画像，从而无法实施精准营销。大部分中小型电商企业的大数据平台还是不完善的，有的甚至根本未建立大数据平台，供应链网络成员间信息分享水平较低，这不利于企业大数据时代下的可持续性发展。

（2）数据运算结果和消费者需求之间存在差距

理性的数据计算不能确保精准地预测出消费者的购买心理。例如，大数据判断某个消费者是对价格敏感的人，企业根据这个判断进行降价营销，结果确实也引发了消费者的购买行为。但是也可能消费者对价格敏感是大数据培养出来的，而不是消费者自身的主动行为，所以到底是企业引导消费者还是企业找对了消费者需求，并不能完全确定。因此，数据算法勾勒出来的消费者人物画像和消费者真实形象是存在差距的，甚至完全相反，因为消费者是善变的，这种变化对于电商企业来说是比较难以及时捕捉并且通过算法也计算不出的。

（3）个人隐私和数据安全问题

在大数据时代，用户的一举一动都会被记录，其在线上交易、线上支付、社交互动、物流配送等各个环节都会留下痕迹，可以说用户在获得所需产品或者服务的同时，也暴露了自己的数据。企业在利用这些大数据时常常会存在侵犯用户的个人隐私以及在隐私保密性上做得不到位的问题。此外，数据的安全性也令人担忧，企业在对用户数据的管理方面存在漏洞，近年就发生了多起大数据泄露事件，2016 年 5 月 LinkedIn 超 1.67 亿个用户账号在黑市被公开销售，同年同月一名俄罗斯黑客窃取 2.723 亿电子邮件并将这些数据以每个不到一美元的价格在黑市里出售，其中还包括数千万个雅虎邮箱、微软邮箱和谷歌邮箱信息。

（五）解决对策

1. 基于供应链网络搭建完善的大数据平台

大数据平台是所有电商企业展开大数据精准营销的基础，一个大数据的平台价值体现在各个方面。但是，对于相对规模较小的电商平台如聚美优品、唯品会、考拉海淘、敦煌网等，它们的大数据平台还不够完善甚至有的还未建立自己的大数据平台。对于这些电商平台来说，为了满足不断发展的需求和更精准化地挖掘消费者需求，建立大数据平台还是很有必要的，因为这是中小型电商企业战略发展的一个方向。具体构建可以参考和借鉴阿里巴巴集团的模式。

阿里巴巴集团通过创办阿里妈妈——大数据营销平台——将所有阿里系的数据存储在阿里妈妈的数据银行里，基于此再输出各种品牌营销解决方案，从而实现品牌大数据下的精准营销。

阿里妈妈作为阿里系的大数据营销平台，其数据获取的能力是进行精准营销的原动力，其技术的能力是驱动力，其媒体的能力是张力。

数据层面上，阿里妈妈搭建了一个数据银行，链接人的数据和广告数据。一方面人的交易、金融、出行、娱乐和社交等环节产生了一系列可辨识、可分析、可触达的真人数据（Uni ID），从而勾勒出清晰的用户画像。这些真人数据有利于企业做出判断和决策。另一方面，经过多年广告沉淀，阿里拥有海量广告营销数据，这些信息是品牌建立的基础。阿里妈妈通过整合人的数据和广告数据，再进行分离、发掘、洞察和再利用，反哺人的数据，让用户人物画像更加精准，提高了广告业务的效率，实现了大数据下的精准营销。

技术层面上，阿里妈妈不断地与用户交互，使得机器学习和算法达到精准，更能够精准地进行营销。

媒体层面上，阿里妈妈依托阿里巴巴集团控股有限公司的全方面资源，能够整合电商媒体、社交媒体、视频媒体、搜索类媒体和信息流媒体等。

基于这三大核心能力，阿里妈妈推出了品牌营销解决方案产品和营销平台，如新霸屏、会员权益、新雷达、UniDesk 等。

综上，阿里整合所有阿里系的数据资源，传送到阿里妈妈的数据银行，基于阿里妈妈强大的数据银行，再向商家提供全链路的营销方案和消费者个人数据等，使得商品不再以单品的形式输出，而是以成熟、完整的商品形式输出，更重要的是能更精准地输出，其把数据、商品和流量升级为内容，再转化成商业机会，赋能更多的品牌进行大数据精准营销。阿里的数据银行不仅服务于各大品牌或企业，也服务于自己，其他中小型电商企业可以模仿和借鉴阿里的大数据平台构建模式，打造属于自己的大数据平台，赋能入驻品牌和企业施行精准化营销，从而保证可持续性发展。

2. 用户画像的精准化和及时更新

消费者的善变性和算法的迟钝性使得电商企业无法真正地满足消费者的需求，因此电商企业需要充分结合数据追踪和数据挖掘技术与企业的营销洞察力，精准化用户画像并且精准化算法，及时更新消费者的用户画像，以确保营销方案能满足消费者现在的需求。

用户画像就是给用户贴上一系列标签从而把数据转化成用户属性的过程。用户画像是由各维度的数据勾勒而成，数据包括姓名、照片、年龄、家庭情况、收入、工作、喜好等元素。根据元素的性质，用户画像数据可分为以下三类：基本人口属性数据、行为偏好数据和购买数据。人口属性数据包括社会属性和自然属性，如岁数、性别、工作等。行为偏好数据主要是通过收集消费者在进行商品购买时的浏览情况得出的，包括关注领域等。购买数据包括购买的产品、价格、退货率、评价等。一个用户画像可能由 3 000 个标签才能形象勾画出，并且标签的比重会有不同，甚至标签会随着消费者的需求而改变，因此不断收集和更新用户数据对于人物画像勾勒以及后面的精准营销具有重大作用。企业应该从全面的数据去分析用户是否是一个对价格敏感的人，如用户的经济状况是什么水平、用户的浏览行为是否关注价格、用户购买的商品层次等，而不是只凭单个优惠营销方案诱发了用户的购买从而认定用户对价格敏感。用户画像是需要全方面定位和计算的，只有精准化用户画像，才能更好地结合用户画像和商品画像，从而实现精准化营销，消除数据运算结果和消费者之间存在的差距。

3. **加强用户隐私数据的安全防范工作**

首先，企业应该改进算法，提高大数据环境下用户隐私数据的安全性。电商企业可采取基于混沌自逆矩阵用户隐私数据加密算法，在不改变原始数据的情况下，通过对用户隐私数据结构的改变，搭建自逆矩阵建立初始密钥，再根据初始密钥置乱数据维度，构建置乱矩阵，以不规则扩散形成隐私数据最终密钥。其次，有效掌握系统内核环境，注意移动智能终端应用程序用户隐私数据的防范。相关审批或者安全部门应该充分审查各类移动终端智能系统中的 API 接口功能，对系统内核代码及功能模块所描述的功能和实际功能要尽可能地一一验证。掌握移动端智能系统的核心技术才能把握互联网产业的命脉，加大自主研发和商业推广力度，从硬件方面保证用户的信息安全。最后，政府相关管理部门应积极完善相关法律以及制定互联网个人隐私管理政策，以保护用户隐私安全，为用户隐私安全构建更为良好的行业发展环境。

第六章　区块链与跨境电子商务

第一节　区块链技术助力跨境电商业务的开展

“一带一路”沿线的各个国家均处于经济快速发展时期，与我国企业在经贸合作方面具有良好的前景和广阔的空间，与此同时，我国境内电子商务技术与商业生态不断成熟并逐步迈向世界领先地位，也为跨境电商的发展带来了重大机遇。但目前，基于中心化系统的电商模式远不能满足跨境电商贸易的发展要求，其在多方协作、产品溯源、支付风险防范以及贸易融资等方面仍面临巨大挑战。区块链技术作为共享账本，以其支持点对点交易、不可篡改等技术优势出现在公众的视野中，为解决“一带一路”合作倡议背景下跨境电商业务发展所面临的问题提供了新思路。

一、传统跨境电商的问题

（一）多部门、多主体的协调配合

跨境电商不仅是个人、企业之间的交易，更是国家与国家之间的交易。因此，在贸易环节上，跨境电商比境内电商的交易复杂度更高。由于需要监管部门、检疫部门、海关部门、审计部门、交易双方、物流方等多个部门和主体参与，在交易审查、对账、货物通关等方面需要花费大量的时间、人力和物力，从事跨境电商的企业除应对物流延迟等不利因素之外，还要负担烦琐环节推高的贸易成本。

（二）传统跨境电商的产品溯源

在跨境贸易中，产品溯源有必要但难度大。对于传统跨境电商来说，跨境贸易是将本国比较有优势的产品出口，例如我国出口的制造业、纺织业产品，俄罗斯出口的琥珀、钻石等，都是具有一定市场优势、竞争力强、带有国家特性的产品。但此类产品容易出现一些不法商家利用跨境贸易的地域、时间和文化的差异性以及进口国对产品生产情况、产品质量、产品溯源等信息不了解，从而出口假冒伪劣商品，欺诈消费者，获得高额利润。

2017年“3·15晚会”就曾曝光过日本“核污染区”食品进口到中国、个别电商销售的海外商品实为偷换产地标签的产品等情况。问题商品不仅损害消费者权益，而且危害跨境电商的良性发展环境，甚至引发国际纠纷。

（三）传统跨境电商的支付风险

由于跨境电商所涉及的贸易对手方的地理位置一般较远，发货与收货的时滞较长，再加上各国外汇管制政策松紧不一，目前主要的跨境支付手段一般不能满足及时到账需求，而汇率的波动是瞬时的，在一定程度上增加了款项收付方的外汇敞口风险和汇率波动对企业日常经营所带来的风险。

（四）贸易融资门槛高

从事跨境电商的企业往往以中小企业为主。目前，我国的中小企业因自身缺少保证金、抵押品以及信用评价，在贸易融资、出口退税融资等方面面临门槛高、审批周期长等问题。此外，由于大部分中小企业在申请融资时需要提交多方出具的信息证明资料，因此金融机构在核验信息真伪时也需要花费大量的人力和财力。

区块链是一种基于对等网络的分布式账本系统解决方案。它的数据采用分布式存储，逻辑结构是由具有时间顺序、前溯验证这两种特性的信息块组成的链式结构，每个信息块由一段时间内的交易集合加盖时间戳形成。

从信任的角度来看，区块链实际上是用数学方法解决信任问题的产物。过去，社会的有效运行主要靠制度建立规则，进而形成信任并依此规范和引导社会成员的行为。区块链技术运用基于共识的数学方法，在机器之间建立信任并完成信用创造。通过非对称密钥解决所有权信任问题，基于区块链的技术优势确保价值转移过程的安全信任，通过智能合约解决信任执行问题，最终保障账本中记录信息的真实性、客观性和独立性，使区块链具有了共享账本、不可篡改以及支持点对点交易等特质。这些特质说明区块链技术能够解决跨境电商存在的问题，因此区块链技术与跨境电商业务的融合具有天然基础。

二、区块链在跨境电商的应用建议

（一）区块链的共享账本可以实现多部门信息同步

区块链本质上是分布式记账。对于每笔交易的确认和区块的生成，系统中相关节点都参与了验证、协调和同步，从而确保各节点账本的准确性和一致性。多个节点都保存完整的区块账本，省去了对账和审查环节，账本可以以密文形式保存相关交易信息且不影响真实性核验，从而保护了商业秘密。

在跨境贸易中，以前企业信息流串行流转于多个部门之间，传递时间长，信息不能及时同步。区块链的共享账本可以让企业信息流由串行流转变为并行流转，多部门的审查机制也可以得到完善，极大压缩了信息串行流转以及核对审查的时间。同时，区块链共享账本的签名机制可以赋予不同部门以不同权限去审查不同信息，更好地保护企业信息，防止信息泄露。

（二）用区块链的不可篡改技术解决产品溯源问题

对于跨境电商遇到的产品溯源问题，区块链的不可篡改技术可以将产品的产地、生产过程、运输过程等相关信息打包，以明文或者密文自动广播的方式发送到整个系统中。区块链的分布式特点使多个节点都保留完整账本，单个节点试图对交易数据进行修改的操作不能改变网络中其他节点的账本内容。区块链后续验证的链式结构使后来写入的区块依次不断强化了前面区块的内容，进一步增强了不可篡改性，因此产品卖出方的货物生产和流转信息会受到平台相关节点的验证和确认，解决了跨境交易的诚信问题。比如在产品源头真伪的问题上，可以利用品牌商资质进行源头保障，利用区块链技术和物联网技术打通品牌商、物流、政府、检测机构之间的信息追溯屏障，对商品原材料采买过程、生产过程、流通过程、营销过程的信息进行整合和追溯，真正实现跨越跨境电商业务中品牌商、渠道商、零售商、消费者之间的鸿沟，而且可以精确到一物一码或一批次一码。

（三）用区块链的点对点交易特性防范支付风险

区块链实际上是用数学方法解决点对点交易的信任问题，即通过数字签名解决所有权信任问题，通过非对称加密解决信息真实性和完整性问题，通过 UTXO 结构设计解决价值转移过程中的信任溯源问题，通过智能合约解决信任强制自动化执行问题，并基于共识的数学方法在机器之间建立信任并完成信用创造，任何中介无法过滤或者延迟交易，最终保障点对点交易后共享账本中记录信息的真实性、客观性和不可篡改性。

针对跨境电商的支付风险问题，可以充分发挥区块链支持点对点交易的优势，解决由于中介存在导致的跨境支付时滞及汇率波动所带来的交易风险。网络中点对点的交易机制能够缩短交易结算时间，交易方仅需花秒级的时间就能完成跨境支付，且没有外汇兑换手续费，避免了汇率波动带来的损失。

（四）用区块链技术缓解中小企业贸易融资问题

中小企业在进行进出口供应链融资时往往缺少货物抵押和及时的信用凭证。银行系统对其放贷时需要核查各种贸易要素、法人信息等征信信息的真实性，还需要与工商、税务、监察等部门进行交叉信息校验，需要花费大量时间验证信息的真实性，验证流程也要耗费大量的人力。利用区块链的不可篡改性和共享账本，可以优化企业授信审核的过程，更快实现企业融资放款，降低中小企业因资金没有及时到位带来的经营成本和经营风险提高的问题。

三、区块链技术在跨境电商应用中面临的挑战

虽然区块链技术在跨境电商的应用方面有着独特优势，但在应用初期也存在着技术、人才和法律等方面的挑战。如何利用创新型思维，在充分发挥区块链技术优势的同时，既满足商业逻辑隐私的需求又能便利客户使用，是区块链技术应用于跨境电商领域时需要考虑的一个重要问题。业内人士应考虑如何将区块链技术与其他新技术融合，以解决身份确认与信用管理的问题，从而使其能够“一站式”提供跨境电商所需要的各种支持。

一是数据信息安全面临新挑战。区块链通过自身的技术优势较好地实现了信息追溯及共享，但私钥的保管、不同节点权限的设置、系统的抗攻击性等也给信息数据的安全问题带来了新的挑战。例如私钥丢失导致区块链上资产所有权的丧失，会给交易主体乃至监管部门带来无法挽回的损失。

二是需要拥有复合型知识结构的团队。在区块链时代，随着价值交换依托物理主体、底层技术环境的变化，交易主体知识结构的失衡等因素都会影响价值交换方式的设计与实现。因此，由区块链、各领域的行业专家组成的复合型人才团队将有能力清晰定位本行业最核心的问题，有实力运用区块链的前沿技术和创新性思维，创造性地构建基于各种价值及交换形式的业务逻辑和智能合约，从而切实提高区块链技术在跨境电商领域的实用性和可操作性。

三是需要考虑利用监管沙盒等创新监管举措推进新业务模式落地。长远来看，采用区块链技术重构跨境电商贸易和支付等模式需要解决一些法律法规层面的问题，以便更充分地发挥区块链技术的优势。这就要求既要确定性地解决商业模式存在的不足，又要为区块链技术和跨境电商的发展创造相对宽松的法制环境，避免过度监管。因此，监管部门应考虑利用监管沙盒等创新监管举措推进跨境电商新业务模式的落地。

第二节　区块链技术与跨境电商支付

跨境电商是以分属不同国境的交易主体，通过电子商务平台使双方达成一定协议，从而进行支付结算，并跨境运送商品从而完成交易的一种商业活动。近几年，全球的经济贸易增长速度渐渐趋于平缓，商品流通缓慢，为了解决这一问题，加速商品流通，开拓海外市场，提高经济贸易的增长速度，跨境电子商务应运而生。现如今跨境电商仍然在迅速发展，并逐渐影响着世界的经济走向。跨境电商的出现大大缩减了电商企业与国外顾客进行交易成本，简化了交易流程，并直接有效地加快了资金的周转速度，为世界提供了一个高效的跨境贸易通道。据资料显示，2020 年我国跨境电商进出口额达到 1.69 万亿元，同比增长

31.1%，跨境电商规模 5 年增长近 10 倍。我国近几年为了促进跨境电商的发展壮大，不断出台新政策来扶持，在未来几年间，跨境电商的发展速度仍然会不断加快，跨境电商迅速成为我国贸易的新的增长点，也成为国际贸易的新方式，不断改变着传统国际贸易格局，并且承担着我国贸易转型的重要使命。跨境电商作为新兴的贸易方式，有着巨大的潜力。

一、跨境电商的支付方式

目前，我国跨境电商的支付方式主要有跨境网络消费和跨境转账汇款，但是目前的电商支付方式还暂时不能够满足日益扩大的边境贸易的需求。在各个方面，尤其是支付风险等方面还具有很大隐患，需要及时剔除。区块链运用自身独有的特点，能够有效地解决因为支付信誉等问题而带来的安全隐患，极大地保障了交易的安全性，为电子商务的发展和支付模式提供了一个有效的保障。

区块链从根本上来说就是一个分布的数据库，具有去中心化等特点，能够通过一些安全的算法和其他的技术产出一串数据块，并且这些数据块中含有跨境交易的各种信息，因此，这些信息的有效记录能够最大限度地保障跨境电商在交易过程中的资金安全。通过网络媒体和现代计算机特性，保障信息记录的安全性和准确性，为整个跨境电商交易平台提供了一个安全可靠的交易支付平台，同时也一改传统的交易方式，减少了中介机构抽取的中间费用，也省去了很多麻烦，使得交易更加方便快捷。这项技术不仅提高了跨境电商交易的安全性和可靠性，并且为跨境电商提供了一个健康良好的市场环境。

二、跨境电商支付模式现状及存在的问题

（一）跨境电商支付模式的现状

目前在我国，用户跨境支付的方式主要有信用卡在线支付、网银支付、第三方平台支付这三种。但是这三种支付方式都有不足之处，例如第三方支付平台容易被盗用，而且一般收取高额的手续费，账户安全性不能得到充分保障，很容易就产生交易不流畅等矛盾。目前一些普通的跨境支付手段已经不能满足现阶段用户对贸易的需求，且在一定程度上存在安全隐患。

（二）跨境电子商务支付模式所存在的问题

第一，在交易过程中，国内与国外有很多要求具有差异性，使得国内用户对其了解不够，跨境支付出现诸多困难。并且由于跨境电子商务主要作用于境外，各国国情不一样，管理上也出现很多困难。这些安全隐患会对跨境电子商务的支付信用造成影响。

第二，跨境电子商务在进行支付时，大多在互联网上进行，一些方式安全性不高容易造成资料和信息被篡改等现象，国家无法对其交易的真实性进行监管，存在较大安全隐患。

第三，我国计算机信息技术以及网络技术的发展到现如今已经达到很不错的高度，在网络支付等方面有自己独特的见解，对跨境电商的支付过程也提供了一定的技术保障和安全保障。但是由于是境外交易，国内的支付业务在国外能否长久保存是一个问题，如果不能保障支付的稳定性，还是无法使跨境电商的支付具有一定的安全性。另外，虽然第三方支付平台拥有大量客户及企业的信息及交易记录，但是它的安全系数不能得到充分保障，如果受到其他人员的入侵，很容易造成用户信息泄露，甚至交易数据被篡改等情况，对社会发展、经济进步都会造成极大的损害。

三、区块链技术对跨境电商支付系统的意义

（一）降低信用风险

区块链技术可以利用自身的特性不断优化支付系统，最大限度地降低支付过程所带来的信誉危机。客户与企业的交易信息会被所属的区块一一记录下来，并且交易流程实时更新，商家能够及时获得自己所需，同时获得安全保障，商品信息、物流信息也会及时得到反馈。在区块链技术的支付模式下，交易过程真实透明，有效地解决了信息不对等、信誉危机等带来的种种问题。

（二）提升支付效率

区块链技术可以最大限度地简化支付流程，使支付过程、支付方式自由化，并且同步数据，提升结算效率，加快资金流通速度。跨境电商支付通过构建区块链支付平台，降低支付成本，减少中间商差价。这些对于跨境电商行业有着极大的促进作用。

（三）防范支付风险

区块链技术的应用，通过其特有的算法在支付方式中建立一种相互的信任，保障了交易信息的安全性、真实性、不可篡改的特点。并且配送环节智能化，降低了风险，提高了安全性，为跨境电商支付提供了可靠的保障。

四、面临的挑战

虽然区块链技术在很大程度上帮助了跨境电商的发展，但是在一些问题上仍然面临挑战，比如数据信息安全仍然需要不断加强和改进，现行法律制度的制约，人才的缺乏，等等。这些都是区块链技术今后仍需攻克的难题。针对个别难题，逐个攻破，使区块链技术得到更深层次的应用，这样可以不断推进境外电商的发展，推进经济的迅速发展，提高跨境电商的市场竞争力，为跨境电商提供一个安全可靠的交易环境。

虽然区块链技术仍处在初级阶段，但是已经对跨境电商起到了极大的促进作用，虽然

一些技术问题和现实问题仍有待解决，但是随着经济社会的发展，这些问题都会渐渐被攻克。区块链技术能够使跨境电商的支付过程变得简便快捷，虽然还在探索阶段，但是只要不断改进优化，区块链技术一定能为推动我国跨境电商的发展和我国经济的发展提供新的动力。

第三节　区块链技术的跨境电商产品信息追溯

随着国际互联网技术的不断发展，跨境电子商务贸易也得到迅速发展。然而，在我国跨境电子商务飞速发展的同时，也产生了一系列制约我国跨境电商市场未来长远发展的问题，尤其是跨境电商交易过程中产生的信息不对称、产品信息追溯难以解决等问题。这些问题很难通过国际贸易市场惯常的监管手段来解决。近些年随着我国区块链技术的日益成熟，为我国解决跨境电商中的信息不对称等问题提供了解决思路。下面将基于区块链系统展开研究，在此基础上提出解决我国跨境电商产品信息真实性的思路，从而保证平台产品的信息从供应端、运输端、消费端整个流程的完整性和真实性。

一、跨境电商产业链信息追溯问题现状分析

近年来，跨境电子商务作为新兴业态正在中国蓬勃兴起，随之而来的是一系列产品信息追溯问题。调查显示：售假、退换货难、信用问题严重、信息安全问题频出等是国内消费者最为关心也是问题最为集中的领域。而以上这些问题的根源，是跨境电商产品信息难追溯，就连我国主流跨境电商平台都无法解决这类问题。

目前，市场主流的产品信息追溯技术是二维码识别、条码技术、近场通信（NFC）技术等，以上技术的核心在于能够确保追溯信息的完整性，数据采集的高效性、准确性以及数据采集的可行性，可实现数据的快速、准确地采集。但是显而易见的是，以上信息追溯技术的运用，满足不了跨境电商消费者的迫切需求——真实性问题。由于传统的产品信息追溯技术很难实现生产、销售等整条产业链的打通技术，往往只停留在某一环节，各个环节之间没有衔接，如果衔接出现问题，则会导致真空环节，进而出现即使产品已经到达消费者手中、也无从辨别其真假的问题。

二、基于区块链技术的跨境电商平台产品信息追溯问题研究

区块链技术采用分布式存储技术，使使用者和得益者合为一体，这样一种密不可分方式，让每个人既是用户也是拥有者，防止了信息被篡改和供应链产品信息监管真空化等问

题的出现。

现有跨境电商消费者对产品信息追溯的需求主要集中于食品行业。例如进口奶粉的追根溯源，有利于提高消费者对产品的信赖感和安全感。又如进口葡萄酒，许多葡萄酒供应商为葡萄酒从葡萄采摘、酿造、运输、上架等每一个细节性供应链问题都配备了区块链技术，防止产品信息被篡改的同时，能够以更安全的方式进行射频识别技术——RFID 物联网技术的应用，实时跟踪、更新产品信息。

去中心化的区块链技术让每一个使用者都可以随时随地向系统调取全部数据和下载全部数据。分布式结构的区块链技术决定了系统中的信息不存在中心节点，避免了跨境电商平台使用网络中心节点存储大量数据、占用大量资源的局面，实现了全平台信息的公开和透明，以及全部使用者的集体维护。跨境电商平台的大数据应用，使其自身拥有平台全部消费者的相关数据和供应商的全部数据，因此具备连接上游供应商或生产商与下游消费者的天然优势，能够利用上述优势建立比较完备的区块链系统，并将生产、流通、消费各个环节的参与者纳入其中，将各个环节的参与者变成区块链系统的拥有者和得益者。同时，利用物联网技术将跨境电商平台上产品的原产地信息、生产日期、生产原料信息、运输流通信息、零售终端信息等全部归档至区块链系统中，保证以上商品信息在跨境电商平台中无法被篡改，保证消费者查询到的信息安全可靠。将物联网和区块链技术融合为一体后，消费者能够通过跨境电商平台，向系统发出查询产品信息的请求，物联网——区块链系统通过跨境电商平台向消费者反馈产品信息。在这一系统中，生产企业和运输企业不仅接入了物联网—区块链系统，而且作为参与者能够查看、下载这一系统的信息区块。在这一运行过程中，跨境电商平台起到了承上启下的作用。一方面，平台负责构建和维护物联网—区块链系统；另一方面，平台能够将所有供应链链路上的参与者整个变为物联网—区块链系统的参与者，并能够让所有参与者利用区块链技术分布式的原理进行产品信息的使用和集体维护，最终达到防止产品信息被篡改的目的。

跨境电商平台在这一产品信息追溯过程中，需要市场执法监管部门的监督管理，与此同时，还要接受法律、市场监管机制以及社会道德在平台的区块链系统中的合理运行，只有通过海关、市场、执法等相关部门的监督、检验，跨境电商平台的区块链系统才能够在消费者、供应商、运输等环节正规化运行，保证区块链系统中的所有参与者能够实现共赢。

随着互联网和去中心化思想的发展和成熟，在区块链和物联网技术日新月异的背景下，重点分析了在国际贸易占比日益增大的跨境电商市场中出现的产品信息无法追根溯源或者产品信息追溯难以实现真实性的问题，以及物联网—区块链技术系统是如何利用分布式链式技术和去中心化思想解决产品信息可追溯且保证真实性的问题。其中，需要指出的是，基于区块链技术的跨境电商平台产品信息追溯问题模型是通用的，可供各种模式的跨境电商平台用来对产品的信息进行追溯。

然而，互联网技术的漏洞是不可避免的，物联网和区块链技术都是基于互联网技术发展起来的，因此在系统模型的实际运用过程中，不可能完全避免漏洞的出现，但能够做到的是尽量避免系统安全漏洞的出现。未来，互联网技术仍然需要在运用区块链技术进行真实跨境电商平台产品信息溯源的过程中进行修复和完善，那时能实现区块链技术在保证消费者安全和优化消费者购物体验方面的目标。

第七章　数字经济时代电子商务的转型

第一节　数字经济、跨境电商与数字贸易耦合转型

人类社会正在进入以数字化生产力为主要标志的新阶段，依托于物联网、大数据、云计算、移动互联网、人工智能等现代科技，数字经济、跨境电商与数字贸易得以产生并迅猛发展，厘清三者的理论边界与现实约束，制定推动其发展的政策，是我国实现高质量数字化生产力发展的必然要求。将区块链技术深度融合到数字经济、跨境电商与数字贸易中，可以推动传统制造业升级、对外贸易转型，最终实现全球化发展，达到共同繁荣目标。

2019 年中国国际数字经济博览会在河北省石家庄市开幕，国家主席习近平在贺信中指出，当今世界科技革命和产业变革日新月异，数字经济蓬勃发展，深刻改变着人类生产生活方式，对各国经济社会发展、全球治理体系、人类文明进程影响深远。2019 年 10 月 24 日，习近平总书记在主持中央政治局第十八次集体学习时深刻分析了发展区块链技术的重要战略意义，他指出要注意区块链技术发展现状和趋势，提高运用和管理区块链技术能力，要使区块链技术在建设网络强国、发展数字经济、助力经济社会发展等方面发挥更大作用。可见，党和国家高度重视数字经济的发展，所以在创新、协调、绿色、开放、共享的新发展理念指引下，对数字经济进行深入研究是当前理论界迫切需要完成的任务。

数字经济的出现与互联网密不可分，伴随着信息技术、互联网技术的飞速发展，第四次工业革命随之而来。数字经济席卷全球，成为全球经济增长新引擎，并助推多国经济转型，同时也影响着全球国际贸易进程。

唐·泰普斯科特首次详细提出互联网将如何改变原有的商业模式，被认为是“数字经济”概念的先驱。尼古拉斯·尼葛洛庞帝等人提出数字经济是利用比特而非原子的经济，明确提出数字经济基于网络的本质。托马斯·梅森伯格明确了数字经济的范畴，包括数字化的硬件与软件等基础设施、数字化的商务网络与组织以及电子商务中交易的产品。2016 年 9 月，二十国集团（G20）杭州峰会通过了《二十国集团数字经济发展与合作倡议》，倡议明确提出数字经济是以数字化的知识和信息为关键的生产要素，以现代信息网络为重要载体，把信息通信技术的有效使用作为效率提升和经济结构优化的重要推力。党的十九

大报告和2018年的政府工作报告中也提到数字经济，国家十分肯定以互联网为核心的新型商业模式，这也是对中国经济发展的一种探索。近年来，传统国际贸易增长疲软，在信息技术与互联网推动下，跨境电商作为数字经济在国际贸易领域的一种应用模式备受关注。逄健和朱欣民提出：数字经济主要指为电子商务或由电子商务引起的贸易行为产生的制造、供应电子产品和服务的经济过程。跨境电子商务与数字经济交融发展，驱动了数字贸易的出现。包括5G在内的新一代信息技术推动跨境电商的飞速发展，也主导着新一代数字贸易体系的演变。数字贸易将互联网技术与传统贸易相结合，降低了交易成本，促进贸易全球化。数字经济、跨境电商与数字贸易产生的背景虽不同，但三者又有诸多关联。学界对三者间联系的研究尚未完全提上日程，偶有少数文献关注了数字经济与跨境电商、跨境电商与数字贸易等话题，如蔡磊分析了数字经济背景下跨境电商的税收监管问题，龚柏华分析了基于跨境电商与数字贸易的“eWTO”规制问题，马述忠等人在分析数字贸易时提及了数字贸易与跨境电商的关系。其实区块链技术已上升到国家层面的战略高度，依托区块链技术的集成应用，实现数字经济、跨境电商与数字贸易耦合发展显得至关重要。

一、数字贸易的内涵演变

数字贸易出现时间很短，尚未引起业界过多关注，概念也尚未统一。国外关于数字贸易的概念较早被马克思·韦伯在2010年所提及。其观点认为，数字贸易的核心是数字产品或服务，数字贸易是通过互联网等电子化手段传输商品或服务的商业交易活动。国内最早关于数字贸易的提法是在2011年，熊励等人认为，数字贸易以互联网为依托，以数字交换技术为工具，据此为交易双方提供商品交易所需的数字化电子信息，旨在实现以数字化信息为交易标的的一种商业模式。这些定义的提出与当时多关注数字化信息，强调互联网、数字交换技术等电子化载体有关。

随后，美国国际贸易委员会（USITC）多次对数字贸易进行界定。2013年7月，USITC在《美国与全球经济中的数字贸易Ⅰ》中正式将数字贸易界定为通过互联网络传输产品或服务的国内商务活动与国际商务活动，商业交易标的主要包括音乐、游戏、视频和书籍等数字内容，社交媒体、用户评论网站等数字媒介，搜索引擎以及其他产品与服务。这一定义认可度较高，如李忠民等人在对中国数字贸易进行研究时便认可该定义。2014年8月，USITC在《美国与全球经济中的数字贸易Ⅱ》中修订了数字贸易的定义，认为数字贸易是依赖互联网和互联网技术所构建的国内贸易与国际贸易，互联网与互联网技术在交易活动各环节中发挥重要功能。2017年，USITC在《全球数字贸易Ⅰ：市场机遇与主要贸易限制》中再次阐释了数字贸易的定义，认为数字贸易除了是各行各业在互联网交付产品和服务的活动，还涉及智能手机与互联网传感器等相关产品。

随着实践的发展，数字贸易内涵也在变化与扩展。马述忠等人通过对数字贸易文献的梳理，结合实践领域的诸多特征，对数字贸易概念进行了新的解读，是对数字贸易从新的维度进行的解析。马述忠等人认为：数字贸易是以现代信息网络为载体，通过信息通信技术的有效使用实现传统实体货物、数字产品与服务、数字化知识与信息的高效交换，进而推动消费互联网向产业互联网转型，并最终实现制造业智能化的新型贸易活动，是传统贸易在数字经济时代的拓展与延伸。至此，数字贸易不再局限于互联网领域，已扩散至传统产业领域，制造业智能化也成为数字贸易发展趋向之一。

二、数字经济、跨境电商与数字贸易耦合关系辨析

（一）数字经济、跨境电商与数字贸易产生的环境相似

数字经济的出现与发展依托于互联网与通信技术，跨境电商的出现与发展更是以互联网络、互联网平台和信息技术为基础，数字贸易也不例外，互联网与信息技术是其产生的土壤。可见，数字经济、跨境电商和数字贸易等三者的产生基础相同。互联网与信息技术搭建了数字化基础，成为数字经济、跨境电商与数字贸易的核心要素，也助推着数字经济、跨境电商与数字贸易的腾飞。数字经济的核心是数字化，跨境电商的核心是互联网平台，数字贸易的核心包括互联网与数字基础。从三者的定义与表现形式看，数字经济、跨境电商与数字贸易相通点颇多，又具有相同的产生与存在基础，所以数字经济、跨境电商与数字贸易一脉相承。

（二）数字经济是跨境电商与数字贸易发展的基础

数字经济注重通过数字化基础设施与设备以及能改造数字化生态系统的技术，来实现数字的转化。数字化基础设施与可数字化技术是核心，二者作用于数字经济后，又促进互联网平台发展与数字贸易产生。跨境电商以互联网和信息技术为载体，这也是跨境电子商务交易活动的基础和核心要素。数字贸易的出现源于数字经济的发展，数字贸易发展初期的表现行为更多体现为电子商务，包括国内电子商务与跨境电子商务。数字贸易的跨境贸易层面可以理解为跨境电子商务，也是全球经济一体化、传统贸易优化升级、跨境贸易活动及数字经济发展的结果。数字贸易之所以兴起，根本原因是技术创新所引发的生产组织形态变革。这一变革的典型体现在通信技术与互联网技术上。这些技术日益推广并深刻影响与改变着传统经济范式下的生产与生活方式，包括云计算、大数据和人工智能等在内的数字技术从制造业扩散到服务业，乃至社会生活的各个领域，为传统贸易向数字贸易转变奠定坚实的基础。数字经济是土壤，以此为基础，衍生出了数字贸易和跨境电商。

（三）数字贸易是跨境电商发展的数字化趋势

跨境电子商务与数字贸易出现的时间不相上下，业内多将其归属为两个不同的维度。在数字经济发展作用下，跨境电商同样受到数字经济的诸多影响。跨境电商出现之初，更多强调商品交易主体通过互联网络实现跨境商品交易活动。在一系列新兴的数字经济出现

与推广后，数字技术与传统产业融合发展，驱动了制造业、服务业等传统行业智能化转型与升级。跨境电商在数字经济与数字技术多重作用下，逐渐打上数字贸易的诸多烙印，且数字化特征愈发显著。有人将跨境电商视为数字贸易的初期表现形式。数字贸易出现后，热度不如跨境电商，但也在快速发展。在数字经济发展刺激下，跨境电商也逐渐融入数字经济，更多表现为数字化特征。整体上看，数字贸易之所以出现，既是数字经济跨越国界的结果，也是跨境电商向数字化方向发展与升级的必然结果。

（四）数字贸易是数字经济发展的结果

数字贸易以互联网为基础，以数字技术为工具，以互联网传输为载体，商品交易的各参与方提供彼此所需的数字化数据与信息，并以此为交易内核。就其定义看，数字贸易所涉及的商品表现形式既包括数字化产品，也包括数字化服务，这一范畴与数字经济基本保持一致。数字贸易出现之初可以视为数字经济向外部扩张的结果。数字经济强调数字化商品，这与数字贸易相符。数字经济既包括国内商品贸易，也包括跨境商品贸易。当跨境商品贸易表现为数字化时，便成为数字贸易。换言之，数字贸易是数字经济的跨境贸易部分的表现形式。随着数字经济在实践中的快速发展，其定义与外延也在不断扩大，更加与数字贸易的跨境商品交易层面相吻合。可见，作为数字经济的内涵之一，数字贸易既是数字经济的一部分，也是其中重要的构成要素。

（五）数字经济、跨境电商与数字贸易各有特征

诚然，如上文所述，数字经济、跨境电商与数字贸易三者具有相同的发展基础，彼此间又存在诸多关联，但是三者并不完全等同。数字经济、跨境电商与数字贸易各有其所属的特征，也有各自的侧重点。数字经济强调数字化的经济运行模式与经济发展生态，关注数字化信息或信息技术，并聚焦以此为依托的经济系统。伴随着数字化与信息化的技术被广泛应用，整个经济活动乃至所依存的经济环境都发生了根本变化，并带来了泛数字经济化，影响到社会、政治、自然等多个方面，所以数字经济属于偏宏观的一个范畴。跨境电商产生于互联网经济发展与传统国际贸易方式增长乏力的背景下，更强调商品交易活动从线下转移到线上，通过互联网平台实现商品的跨境交易活动。跨境电商属于电子商务与国际商务的结合体，涉及的商品种类多种多样，但并非所有商品都适合跨境电子商务交易模式，因此跨境电商属于一个微观的商品经济交易范畴。数字贸易关注贸易经济范式，是一个偏中观的经济范畴。数字贸易强调通过数字化的经济范式实现商品贸易活动，既包括国内商品贸易，也包括国际商品贸易。数字贸易并不将国内商品数字贸易与国际商品数字贸易割裂来看，而是将二者作为整体来谈论。更显性地看，数字贸易更加突出数字化的国际商品贸易活动，所涉及的商品类型范畴更加广阔，并不存在类似跨境电商的商品类型限制。数字贸易能够涵盖可以数字化的所有商品交易类型。

（六）跨境电商、数字经济、数字贸易交互融合

跨境电商、数字经济与数字贸易虽有差异，但又存在交互融合的状态，换言之，三者存在“你中有我，我中有你”的状态。就其发展内涵看，数字经济既包括国内商品交易，也包括跨境商品交易；既包括以互联网方式实现的商品交易，也包括以传统方式实现的商品交易。数字经济范畴中通过跨境电子商务平台实现商品交易活动的部分，可以视为跨境电商范畴。数字经济范畴中通过数字化平台或载体实现商品贸易活动的部分，可以归纳到数字贸易范畴，既包括国内数字贸易，也包括跨境数字贸易。数字贸易出现初期的表现形式也可以视为跨境电商范畴，随着自身的发展与演变，其内涵与外延均超出了跨境电商，但又不完全囊括跨境电商。跨境电商强调通过互联网实现跨境商品交易，数字贸易则强调数字形态的跨境商品交易。数字经济的内涵最广，与跨境电商、数字贸易存在较多的重合；跨境电商、数字贸易与数字经济不完全重合；三者之间是交互融合、互相影响的关系。

三、数字经济、跨境电商与数字贸易的演变轨迹

（一）从时间维度看数字经济、跨境电商与数字贸易的演变

以时间为轴，梳理数字经济、跨境电商与数字贸易的发展历程与演变轨迹。从出现时间的早晚角度看，数字经济是最早出现的，可以追溯到1994年。在数字经济发展初期，业界尝试对其进行界定，其范畴随着时间的推移、实践的检验而不断扩展与丰富。2016年、2017年人们对数字经济又有新的解读，例如：马克·克尼古雷姆等人将数字经济定义为各类数字化投入带来的全部经济产出；朗玛娜·伯克特和理查德·希克斯认为，完全或者主要基于数字产品或服务、数字技术所引起的那部分产出就是数字经济，包括软件制造业、信息服务行业等。在数字经济发展基础上，跨国经济活动日益频繁，跨国贸易也融入数字化，从而诞生了数字贸易。早期数字贸易概念在2010年提出，自出现后到2013年可以界定为数字贸易1.0阶段。2014年的数字贸易定义出现了修订版本，后续出现多个新解读。到了2016年和2017年，数字贸易发展进入2.0阶段。而跨境电商同样以数字经济发展为基础，2013年被称为中国的跨境电商元年，该年界定的数字经济定义也提到了电子商务范式，认为电子商务是数字经济的表现方式之一。跨境电商与数字贸易都是在数字经济发展与壮大的情境下出现的，体现了数字经济、跨境电商与数字贸易一脉相承。虽然跨境电商与数字贸易都源于数字经济，但又不完全等同于数字经济，三者之间也有一些显著的不同。

（二）从内涵维度看数字经济、跨境电商与数字贸易的演变

数字经济在20世纪90年代出现后，历经多年，随着时代发展与技术进步，其内涵与外延不断演化。2017年数字经济首次出现在《政府工作报告》中，报告明确指出要推动“互联网+”深入发展，并提出促进数字经济加快成长要求。从互联网到“互联网+”，都可

以视作数字经济的演进发展。精准界定数字经济是一个难题。包括计算机、通信设施、电子设备、电信、广播电视、软件与信息技术服务等行业都是数字经济的基础产业，互联网平台经济、互联网及相关服务行业等依托数字化的行业都可以纳入数字经济范畴。数字经济具备融合性的经济特性，即其他行业都因信息技术的应用衔接或关联到数字化转型而带来绩效提升。从整体视角看，数字经济的内涵最广泛，通过内涵与外延的扩散能够覆盖跨境电商与数字贸易。跨境电商与数字贸易都衍生于数字经济，都是数字经济在2010年前后内涵演变时出现与发展起来的。跨境电商既是传统国际贸易拥抱数字经济的产物，也是“互联网＋传统国际贸易”的结果。跨境电商的内涵与外延从开始到现在尚未发生太大的变化，只是涉及的商品类型增多、参与企业与人数增加、跨境电商平台模式发生了新的变化。随着数字化基础及相关技术的发展与变化，跨境电商也会随之发生一些新的变化，这些变化是否影响跨境电商内涵或外延的重塑，仍需时间与实践的检验，但就目前的发展情况看，跨境电商只是在经营环境、依存背景、参与方式、具体活动等方面有所变化，其通过跨境电商平台实现商品跨境交易的内涵并没有太多变化。数字经济时代下，通过数字化重构商品贸易的各个环节，从而产生了数字贸易。数字贸易产生之初强调数字产品与服务的形式，其内涵较狭窄，多聚焦数字化带来的商品形式变化。随着数字贸易发展，其内涵与外延同样发生变化，这一变化与数字经济发展密切相关，从内涵与外延看，数字贸易不再单纯聚焦在数字化商品与服务，也扩散到实体货物、数字产品与服务贸易。数字贸易发展到今天，商品贸易形式也不是简单地将商品展示在互联网上，也不单单是商品交易主体间的交易，而是整个商品交易链及相关的物流链、资金链、信息链的数字化重构。

四、数字经济、跨境电商与数字贸易的发展趋势

（一）平行推进：数字经济、跨境电商与数字贸易各有趋向

数字经济、跨境电商与数字贸易虽有千丝万缕的联系，也具有一定的交集，但是数字经济、跨境电商与数字贸易并非同一概念，也不具有相同的范畴。其相同之处在于，它们都与互联网、信息通信等存在一定关联，或者可以理解成都需要数字化或拟数字化的基础设施；也都与5G产生很多的关联，随着5G网络的发展迎来新的机遇。数字经济与数字贸易的发展也表现出不同的趋向。数字经济将成为各个国家经济发展的主旋律，成为经济的重要构成，将融入人们生活的方方面面。数字经济更多反映在宏观层面与战略层面，是一种大的行业走势，是各国未来重点发展领域。

随着电子商务逐渐普及，电子商务交易模式也融入人们的日常生活，网店与网商层出不穷，各类电商平台风起云涌。在全球经济一体化、跨国贸易频繁化、传统贸易方式疲软等因素综合作用下，通过电子商务平台实现跨境商品交易越来越便捷，跨境电商成为经济发展不可忽略的促进因素与重要组成部分。中国跨境电商成为全球跨境电商的重要组成，引领着全球跨境电商市场的发展。我国的《电子商务法》出台后，加强了对跨境电商市场

与经营者的规范与约束，使跨境电商更加健康有序发展。跨境电商倒逼传统企业转型与升级，使其积极参与和融入跨境电商商业模式，跨境电商产业集群初具规模。

数字贸易源于数字经济，是数字经济与国际贸易结合的产物。数字贸易发展初期多被等同于跨境电商，实则不然。数字贸易强调依托数字产品、数字载体或数字组织实现跨境商品交易，既包括通过互联网渠道实现商品交易，也包括通过非互联网渠道实现商品交易。数字贸易也不是简单的货物交易活动，更强调数字技术与传统产业融合，推动传统消费模式向数字消费、互联网消费转变，推动传统制造业的数字化、智能化升级。

（二）殊途归一：数字经济、跨境电商与数字贸易发展目标相同

数字经济、跨境电商与数字贸易都衍生于数字化基础，数字化基础又依托互联网、信息和通信技术。信息技术掀起了信息革命，推动数字经济出现与不断发展壮大。数字经济、跨境电商与数字贸易的出现除了技术因素刺激以外，更多的是经济与社会发展所需。从宏观层面看，数字经济被视为继农业经济、工业经济、信息经济后的一种新的经济社会发展形态，与信息经济形成交互融合与升级发展的态势。跨境电商与数字贸易同样在电子商务腾飞、传统国际贸易方式疲软的双重作用下出现与发展起来，最终目标都是推动经济与社会的发展与进步。

数字经济、跨境电商与数字贸易依托信息技术，都受新兴技术影响。近几年，物联网、大数据、云计算、移动互联网、人工智能、区块链等新兴技术不断涌现，这些新兴技术的完善与融合发展促进了数字经济、跨境电商与数字贸易的升级。数字经济、跨境电商与数字贸易都需要应用这些新兴技术，将其有效地应用到自身实践中，成为数字经济、跨境电商与数字贸易发展战略的重要组成。除此之外，超级计算机、无人驾驶、3D打印、生物识别、量子计算、再生能源等技术也不断涌现，这些硬科技是影响未来的重要技术，与前文所述的软科技起相互促进的作用。硬科技与软科技的不断创新融合，成为数字经济、跨境电商与数字贸易创新发展的助推器，与硬科技、软科技融合发展也是数字经济、跨境电商与数字贸易发展的目标。

五、区块链技术在数字经济、跨境电商与数字贸易领域的应用

习近平总书记在中央政治局第十八次集体学习时强调，“要加强对区块链技术的引导和规范”“要把依法治网落实到区块链管理中，推动区块链安全有序发展”。区块链技术在数字经济、跨境电商与数字贸易领域有着广阔的前景。

（一）利用区块链技术探索数字经济、跨境电商与数字贸易模式创新

区块链又称为分布式账本技术，是一种多方共同维护，使用密码学确保传输与访问安全，旨在实现数据一致存储、难以篡改的技术。区块链不仅是技术，还是一种机制，是一

种去中心化、信息共享、共识的新机制。无论从技术上看，还是从机制上看，区块链都代表着全球科技前沿，将成为我国数字经济、跨境电商与数字贸易发展战略不可或缺的部分。要依托区块链技术构建区块链产业生态，加快区块链与数字经济、跨境电商及数字贸易所依托的互联网、信息技术、大数据、物联网等科技的深度融合，构建“区块链＋数字经济、跨境电商、数字贸易”的新商业范式。

（二）利用区块链技术推动我国数字经济、跨境电商与数字贸易引领全球

要强化区块链技术研究，提升原始创新能力，使我国处在区块链研究领域的理论与技术前沿。依托理论与技术领先优势，推动数字经济、跨境电商与数字贸易创新发展，立足我国当前在数字经济、跨境电商与数字贸易的全球重要地位，不断取得产业发展新优势。还要充分利用区块链技术的领先优势，通过新旧动能转化对实体经济进行赋能，提高我国在数字经济、跨境电商与数字贸易产业制定国际规则的话语权，最终实现引领全球数字经济、跨境电商与数字贸易发展的目标。

（三）利用区块链技术提升数字经济、跨境电商与数字贸易运行效率

依托区块链的集合分布式数据存储、点对点传输、共识机制、加密算法等技术，将区块链与数字经济、跨境电商及数字贸易进行深度融合，充分发挥区块链在促进数据共享、优化业务流程、降低运营成本、提升协同效率、建设可信体系等方面的作用。不仅如此，借助于区块链技术的不可篡改、不可逆等特点，可有效地规避数字经济、跨境电商与数字贸易运行中的诸多风险，构建运用区块链技术机制的数字经济、跨境电商与数字贸易运行范式，创造一个便捷高效、公平竞争、稳定透明的运行环境，有利于提升三者的运行效率。

互联网与信息技术既推动了数字经济、跨境电商与数字贸易的发展，也刺激了区块链技术的出现与应用。数字经济、跨境电商与数字贸易已成为我国经济体系不可或缺的部分，是实现我国经济高质量发展的重要推动力，它们颠覆了传统经济模式和产业模式，深刻影响着经济、社会与生活的方方面面。

区块链技术已成为全球科技发展的前沿阵地，并覆盖到数字经济、跨境电商与数字贸易等多个领域，我国需要依托区块链技术，推动数字经济、跨境电商与数字贸易的发展，以此抢占新经济制高点，最终实现“弯道超车”。

第二节 数字经济下 C2C 电子商务课税的转型

互联网行业迅猛发展催生了大量数字化新业态，使税源发生重大变化，给以 C2C 为代表的电子商务课税带来了挑战。税法缺位、税收征管资源有限等问题都是摆在税务部门

面前亟待解决的C2C电子商务课税难题。下面将从梳理我国C2C电子商务课税面临的机遇与挑战入手，在深入分析我国电子商务课税面临的相关问题的基础上，从积极推进电子商务税收立法、明确C2C电子商务适用税种、强化对网络平台的监管、积极创新征管控制路径、加强国际税收协调与合作等方面，提出了我国对C2C电子商务课税的完善思路。

一、我国C2C电子商务课税面临的机遇与挑战

基于互联网的电子商务已成为促进消费升级、企业管理深刻变革、社会经济转型、国际贸易全球化、国家竞争力提升和经济社会发展的重要力量。电子商务按照参与主体不同一般分为B2B、B2C和C2C三类。B2B、B2C电子商务税收管理相对规范，因为交易双方其中一方是电子商务企业，必须严格遵循工商、税务登记制度，与传统商务一样按现行税收制度和法律法规课税；而对于C2C电子商务，国家出于增加就业和鼓励新经济发展的考虑，多年来一直未予征税。随着C2C电子商务体量不断增大，C2C电子商务课税问题日益尖锐，社会公众对C2C电子商务征税的呼声不断加大。为了缩小线下及线上税负差异，避免税收收入流失，向C2C电子商务征税是税制改革深入发展的必然趋势。

（一）我国C2C电子商业课税面临的机遇

1.C2C电子商务经营者将履行纳税义务

2018年8月31日通过的《中华人民共和国电子商务法》第十一条规定：“电子商务经营者应当依法履行纳税义务，并依法享受税收优惠。”自此，通过互联网等信息网络从事销售商品或者提供服务等经营活动的自然人、法人和非法人组织，包括电子商务平台经营者、平台内经营者以及通过自建网站、其他网络服务销售商品或者提供服务的电子商务经营者都需要依法办理税务登记，并如实申报纳税。

2. 税制改革使C2C电子商务税收征管面临全新局面

全面营改增实施后，无论是有形还是无形的电子商务都应缴纳增值税。特别是跨境电子商务零售进口税收政策及其完善措施的出台，对跨境电子商务零售进口环节的关税、增值税和消费税进行统一征收，并明确了纳税人的范围和免征额度，增值税征管情况较为乐观。另外，C2C电子商务涉及个人所得税，在个人所得税全面改革的背景下，税务机关可以通过识别号对自然人纳税人全部所得进行有效监管，C2C电子商务个人税收征管面临全新局面。

（二）数字经济的兴起给我国C2C电子商务课税带来的挑战

互联网蓬勃发展使得大数据、云计算、人工智能、“互联网 +”、区块链等新技术的成长和应用不断加速，推动了数字经济的兴起。据2018年11月第五届世界互联网大会上发布的《世界互联网发展报告2018》和《中国互联网发展报告2018》数据显示，2017年，

全球数字经济规模达到 12.9 万亿美元，中国数字经济总量达 27.2 万亿元人民币，数字经济对 GDP 增长贡献率达到了 55%。数字经济的核心要素是数字化的产品和服务，与传统的产品和服务相比，其税源的形成和发展发生了显著的变化，也给我国 C2C 电子商务课税带来了挑战。

1.C2C 供给侧涌现大量“新个体户”，数字化产品生产环节税务监管缺失

数字化产品的生产或数字化服务的提供呈现个体化、家庭化的趋势。比如网络游戏开发、网络小说创作、网络授课、网络直播等，都可以由个人在家中单独完成。因此，数字经济下涌现出大量的 C2C“新个体户”——自由职业的知识生产者，潜在自然人纳税人数量急剧上升。同时，由于税务机关税收征管资源相对有限，难以对个体化和家庭化的数字化产品生产过程进行全程监管，使得部分税源的形成过程脱离了税务机关的监管，造成监管缺位。

2.C2C 数字化产品电子商务呈现平台化特点，交易环节监管难度较大

目前，C2C 数字化产品电子商务以“个人 + 平台”为基本运营模式。数字化产品的生产或数字化服务的提供通常要通过网络平台，如在网络平台销售课程、进行网络直播等。“平台化”既带来了机遇，也提出了挑战：一是对数字化产品电子商务平台的监管难度仍然很大，尽管电子商务平台对纳税人进行了一定的归集，但由于电子商务平台数量过于庞大，税务部门想要实现全面有效监管并非易事；二是数字化服务的供给与消费同时发生，税务部门缺乏高效可靠的知悉路径；三是数字产品作为税源具有天然的隐蔽性，其数字化的存在方式和交易轨迹极易被修改，其具有的微型化、分散化、非物质化、巨额化集聚等特点，也使税源监管比监管有形物交易更加困难。

二、我国 C2C 电子商务课税存在的主要问题

（一）立法滞后造成税收收入流失

1. 税法缺位造成对新业态征税困难

近年来，我国电子商务高速发展，各类数字化产品和服务不断涌现。然而迄今为止，相关部门出台的与电子商务税收征管有关的法律依据大多以部门规章和规范性文件为主，尚未从法理层面完全弄清电子商务的本质，真正意义上的电子商务税法尚未出台。全面营改增的实施将电子商务中的无形资产纳入到了增值税的征收范围，貌似解决了关于电子商务课税问题的争议，但事实上并未对数字化的产品和服务应当按照哪一个税目征税做出明确规定，目前仍有大量电子商务交易或行为游离于税收监管之外。

2. 税法缺位造成无形电子商务课税无法可依

我国关于电子商务课税的法律法规，包括财政部、海关总署、国家税务总局《关于完善跨境电子商务零售进口税收政策的通知》（财关税 [2018]49 号）在内，主要是对有形物

电子商务税收征管做出的具体规定，对无形电子商务产品或服务课税并无明文规定，造成征税真空地带的出现。主要原因是对有形电子商务征税，实物流程显露“税收把柄”，税款流失相对较少；而对无形电子商务征税，税收管理漏洞较多，存在征管措施不到位、征管手段落后的问题，税款流失较多。

3. 税收征管缺位造成 C2C 与其他纳税主体税负不平衡

长期以来，我国一直对 C2C 电子商务不予征税，造成不同纳税主体税负差距较大，负面影响愈发明显。一方面，网店与实体店税负不均，对实体经营冲击较大。很多实体店不得不增加线上经营模式，使原本正常纳税的实体经营也转入了免税的行列。另一方面，对 C2C 不予征税会形成行业“税收洼地”，使得一些 B2C 企业冒充个人销售方逃避缴纳税款，造成税收收入流失，使不同纳税主体税收负担更加不均衡。此外，不征税的做法会将一些从 C2C 电子商务交易中取得巨额收入的自然人纳税人，如千万年薪的网络小说写手、上亿收入的网络主播等，排除出法定纳税人的范围。

（二）税收征管落后造成管理缺位

现行税务登记、纳税申报、税款征收等税收征管规程都是基于针对有形物征税建立起来的，并不适用于 C2C 电子商务税收征管。

1. 经营地点的模糊性造成税收管辖权不明确

在 C2C 电子商务交易方式下，税务机关需要通过网络平台了解纳税人的基本情况。但是网络经营的隐匿性，使纳税主体经营地点变得模糊且不易确定，给纳税人身份判定造成了困难。目前我国税务机关普遍采取属地管理方式，税务管理格局与新型税源分布不匹配，电子商务纳税人没有明确的“主管”税务机关，税务机关对自己的管辖对象范围不清晰，容易出现不主动作为，变相放弃税收管辖权，形成弃管税源，导致税收流失。

2. 传统“以票管税”管理模式有效性下降

多数 C2C 电子商务交易额较小，消费者通常不索要发票，商家不再开具发票，“以票管税”效果大打折扣。商家不开发票，也就不再需要办理税务登记领购发票，难以发挥网络税务登记对网络税源征管的作用，以税务登记为基础建立起来的税收征管制度链条失灵，税源全流程管理失去制度支撑。另外，由于 C2C 电子商务交易载体多种多样，既有专业的网络交易平台，也有用于营销的个人微博、博客，也给税务机关识别和管理网络税源带来了难度。

（三）国际税收规则带来征管困难

在数字经济商业模式下，资产、交易和用户具有高度的可移动性、虚拟性、隐身性和协同性。在这种商业模式下，纳税人会通过无形资产转让定价、成本分摊协议等国际税收规则进行高端税收筹划，给国际税收管理带来了负面影响。

1. 数字经济下传统“常设机构”设定失效

2017 年发布的《OECD 税收协定范本》要求常设机构设有固定从事商业活动的经营场所，但不包括为准备性和辅助性活动设立的经营场所。这样规定的目的是防止企业在展开次要活动的国家承担纳税义务。然而在数字经济背景下，跨国电子商务不再需要所得来源国“物理存在”的经营场所，原先被认为是准备性和辅助性的活动可能创造更大的经济价值。比如，A 国纳税人在 B 国从事软件研发，向 C 国消费者提供数字化的产品和服务，数字经济活动的利润产生地与征税地发生了错位，在 B 国的所有准备性和辅助性活动创造了极大的经济价值。现有建立在传统经济模式基础上的国际征税权判定规则难以对高移动税源征税，可能加剧各国利益纷争。

2. 无形传输方式带来“营业利润”和“特许权使用费”的两难判定

在数字经济背景下，价值创造模式发生了根本性变化。货物销售收入与提供服务、转让财产、转让特许权使用费等收入变得难以区分。比如，影音产品、书籍、游戏等改变以往有形 CD 或 VCD 的销售方式，通过无形的数字化传输模式实现了跨国、跨地区销售。销售收入究竟该归属于来源国的营业利润还是特许权使用费是一个两难的判定。另外，在税收信息情报互换不通畅、跨国交易监管不力的情况下，较为隐蔽的无形传输方式为跨国企业国际避税提供了更加便利的条件，国际避税问题更加尖锐。

三、数字经济下 C2C 电子商务的课税对策

相对于 B2B、B2C 电子商务课税，C2C 电子商务课税更加艰难。因此，在不断健全电子商务支付方式、个人隐私保护机制、电子签名和电子合同等相关法规制度体系的基础上，还要加速推进电子商务税收立法，优化税制，强化征管，加强国际税收协调与合作，切实提高 C2C 电子商务税收征管水平。

（一）积极推进电子商务税收立法

1. 通过立法的方式确认对 C2C 电子商务征税

鉴于 C2C 电子商务不予征税造成线上线下税负不平衡的现象，产生了一系列弊端，建议通过立法明确对 C2C 电子商务征税，填平“税收洼地”，理顺税收分配关系，促进税收横向、纵向公平。在统一征税的前提下，借鉴国外电子商务税收优惠和国内小型微利企业的税收优惠办法，讨论制定 C2C 电子商务税收优惠政策。具体操作可以确定一个年收入总额标准，低于标准的可以免于申报纳税。2018 年 11 月发布的财关税 [2018]49 号文件规定：将跨境电子商务零售进口商品的单次交易限值由人民币 2 000 元提高至 5 000 元，年度交易限值由人民币 20 000 元提高至 26 000 元。财政部、税务总局《关于明确增值税小规模纳税人免征增值税政策的公告》（2021 年第 11 号）提出：小规模纳税人发生增值

税应税销售行为，合计月销售额超过 15 万元，但扣除本期发生的销售不动产的销售额后未超过 15 万元的，其销售货物、劳务、服务、无形资产取得的销售额免征增值税。相关部门在确定C2C电子商务进口环节和零售环节的增值税起征点时，可以参考上述两项规定，在避免C2C交易中的较大税源被遗漏的基础上，保证小规模纳税人得到适当的照顾和扶持。

2. 明确 C2C 电子商务适用税种

比照线下交易，C2C 电子商务应该缴纳增值税、城市维护建设税、教育费附加、地方教育附加和个人所得税。对于增值税，目前对于有形电子商务可以非常明确地按照销售货物征税，但是对于无形电子商务，即数字产品和数字化服务，应当进一步明确税目，不应笼统按照"无形资产转让"征收。城市维护建设税、教育费附加和地方教育附加等附加税费，可以考虑与增值税合并征收，即将增值税现行税率提高到 12%（城市）或 10%（县城），提高部分作为附加税费。城市和县城的划分标准与城市维护建设税相关政策规定一致。个人所得税可以按照纳税人经营所得征收，但是考虑到纳税人取得经营所得所需的成本不易掌握，难以适用查账征收的方法，可以采用核定征收方法，参照国家公布的批发和零售贸易业 4% ~ 5% 应税所得率和 5% ~ 35% 超额累进税率计算征收税款。

（二）强化电子商务税收征管

1. 强化对网络平台的监管

由于数字化产品及服务的提供需要借助网络平台送达消费者。税务机关应当充分发挥网络平台在电子商务交易中的中介作用，借助网络平台代扣代缴税款。这比直接管控分散的自然人纳税人更加可靠和有效。因此，电子商务税收征管应当以管理网络平台为主，以管理产品和服务提供者为辅，借鉴国外做法，由网络平台代收代缴税款。

然而对网络平台的监管亦非易事。网络平台数量庞大，管理模式各不相同，自身税收流失非常严重。为了加强对平台的监管，2010 年我国颁布了《网络商品交易及有关服务行为管理暂行办法》，对网络交易主体提出了实名制要求，加强了对网络平台中自然人纳税人的管理。相关部门还应积极借鉴国外先进管理经验，对各种网络平台（包括跨境电商平台）一律实行注册登记管理，引入纳税人实名制签名机制，以及电子签名和指纹识别机制，同时可以利用区块链技术创建区块链身份证，以此实现对网络平台的有效监管。

2. 积极完善征管控制路径

在"以票管税"因为电子商务消费者不积极索要发票而效力受限的情况下，税务部门应当加大电子发票的推广和使用力度。电子发票的推广和应用能够有效降低开票成本，将开票范围覆盖到非常小的数额。相关部门可以继续探索简化电子发票的开票方法，增加使用电子签名开具电子发票的简易开票流程，使"以票管税"在新环境下发挥应有的作用。

发达国家普遍重视居民账户管理，形成了严密的资金管理体系，对我国加强税收征管具有重要借鉴和启示意义。近年来我国开始重视银行账户管理，严格实行实名制、交易限额及账户类别管理，对于纳税人资金往来有明确的交易记录，清晰可查，为税务机关向个人纳税人征收税款提供了数据支持。另外，在共同申报准则背景下有望在境外居民账户管理上取得突破。如果能够有效推动金融机构、第三方支付机构和电子商务平台之间密切合作，将会对税收征管形成有力支撑。

3. 推动税务稽查与信用体系共同建设

税务稽查重在打击制裁，对违法行为形成外在震慑力；信用体系建设重在形成内生的约束力，使纳税人自觉守法，主动规避法律制裁。打防结合，德法兼施，更有利于规范、引导纳税人遵纪守法。

数字经济税务稽查经常面临假账、虚假信息带来的困扰，但是电子货币的追踪可以获得比现金交易更多的信息。税务稽查应当辩证地看待数字经济的双面性，广泛应用云计算、区块链、人工智能、大数据等新技术，注重应用搜索查询技术，运用“爬虫软件”搜集互联网信息，在监管网络平台扣缴税款情况的同时，也对网络平台自身的纳税情况进行监控。

社会信用缺失不仅可能增加市场主体的交易成本，也会增加税务等政府执法部门的监管成本，造成极大的社会资源损耗。泛在性的电子商务活动是在跨地域的陌生人之间进行着虚拟化的交易，必须强化信用支撑作用。税务、市场监管等部门应当加强沟通合作，共同打击网络虚假交易、恶意差评、恶意炒作和偷逃骗税等失信行为。在电子商务税收管理中，要加强平台型企业内部的信用机制建设，加强个人诚信体系建设，征管制度的创建和实施既要以信用为基础，也要以推动税收征信体系建设为目标，凝聚各方力量实现共建、共治、共享，形成长效机制。

（三）加强国际税收协调与合作

我国是电子商务大国，应当在国际税收征税规则的重建过程中积极争取话语权，同时还应从以下几个方面加强国际税收协调与合作，防止国际避税，保证税收利益最大化。一是要遵守经济合作与发展组织（OECD）在 2013 年和 2014 年发布的《税基侵蚀和利润转移（BEPS）行动计划》和《关于数字经济面临的税收挑战的报告》等有利于电子商务发展的新规定，支持各国公平分享跨境交易产生的税收收入。二是认真研究欧盟委员会提出的“虚拟常设机构”概念，分析其潜在影响。遵照 OECD 以“显著经济存在”替代“物理存在”的理念，以“实质重于形式原则”替代“关联度原则”；在数量界定方面，以会员注册数量、活跃用户数量、总交易金额数量等作为评判常设机构的标准；在性质界定方面，将当地的网络域名、网络平台和付款方式作为评判常设机构的标准。三是基于我国消费大国的背景，在数字经济下确立征税权时，不仅考虑“来源国”和“居住国”的征收标准，还需要将“消费国”作为税收管辖权的重要组成部分，完善预提所得税的相关规定。可以考虑在境内接受数字产品和服务的私人消费者的账户下设置某种计算扣税的软件程序，在对外支付交易付款时依照协定税率计算扣缴相应的预提所得税。同时针对越来越多的我国消费者从国外购买数字化产品和服务的情况，如在境外网站下载付费软件、购买会员服务等，相关部门应当积极探索对境外服务供应商进行注册管理的可行性。

第三节　数字经济背景下的跨境电子商务税收

在数字经济的背景下，跨境电子商务的爆炸性发展对国际税收提出了挑战。最具挑战的税收问题就是跨境电子商务的逃税问题。一些国家和组织针对这个问题已经提出了相关的税收政策。中国的跨境电子商务企业应该根据自己的实际情况，结合各国的税收监管政策，在对跨国电子商务税收政策进行个性分析的基础上，形成不同国家的定期了解。本节最后将以京东集团为例，探讨跨境电商的税务策略。

一、全球数字经济背景下对跨境电子商务税收的初步认识

之所以会制定 BEPS 行动计划，目的是要制止利用不同国家和地区税收制度差异进行偷税漏税的行为，可以让经济欠发达的国家不用承担太大的税负。因为这是以数字经济为背景的电子商务税收，数字经济本身就有流动性、变异性和数据依赖性等各种风险的问题，所以跨境电子商务对国际税收制度的构建有了一定的阻碍性。

（一）国外跨境电商税收政策特点

数字经济背景下的电子商务是符合国际税收规定的。各个国家之间所采取的税收制度因为数字经济的特点以及国家的规定制度都会有所不同，所以各个国家的税收也会有所差别。

第一，从税收种类方面看各个国家之间的税收差异。不同国家因为数字经济的特点不同，制定的税收政策也不同。但是针对电子商务和数字经济的税收主要分为增值税和所得税。比如澳大利亚的税收主要是征收货物服务税，意思就是当有消费者从海外购物时，纳税人就是电子商务平台，也就是说将由电子商务平台支付税收；而德国的跨境电子商务向供应商征税；亚马逊的纳税就要根据相关有效的票据来说明纳税信息。所以从这些国家的税收种类方面来看，各国之间的税收政策都有所不同，但一般也涉及增值税和所得税。由此看来，要想制定统一的国际税收政策还需要一定的时间来调整和规划，还有很长的时间要走。

第二，税收政策也会受到国家利益的影响。在个别的发展中国家以及欠发达国家有很多电子商务企业会趁机采取各种方法偷税漏税，具体来说就是跨境电子商务中很多国家都会采取各种税务相关的手段来为自己获取相关利益，从而提高自己国家的竞争优势。除此

之外，甚至会有纳税人做到了双重不征税，这违反了税收原本的公平原则和分配制度，使得电子商务带来的国际的摩擦和竞争力度持续增加。

（二）简要介绍国外跨境电子商务税收政策

1. **澳大利亚**

在 20 世纪末的时候，澳大利亚的税务局和经济合作与发展组织财务事务委员会就电子商务原则已经达成一致。也就是说当时就确定了电子商务的基本原则包括中立、效率、公平、明晰这四大原则。除此之外，澳大利亚税务局认为国际税收概念可应用到电子商务中去，但是还没有进一步明确。澳大利亚对电子商务实行供应商品所得税，也就是说消费者在海外购买的物品如果能够超过规定的金额，那么商品服务税就由电子商务平台支付。

2. **俄罗斯**

俄罗斯联邦海关总署于 2017 年 11 月 24 日颁布的第 1861 号法令中对俄罗斯的购物又提出了新的要求。要求指出每次俄罗斯公民从网上购买物品时需要提供自己的护照信息和基本的收货码和商品链接。针对海外购物，俄罗斯拟定邮包进口免税限额则由原来的 1000 欧元变为了 20 欧元，这种政策目前还没有真正得到实施。除此之外，俄罗斯还打算推出增值税制度，在超出一定范围之后收取最终价格的 15.25% 的增值税，而且为了这一制度的正常运行，政府还将关闭电子商务销售页面。

3. **英国**

英国对其税收制度也有明确的规定，并说明所有的网上物品都需要缴纳增值税，税率和澳大利亚、俄罗斯的有所不同，它是按照标准税率的 17.5% 来缴纳，优惠税率是 5%。除此之外，为了加强对电子商务税收的监管力度，英国还规定在支付进口关税和增值税的时候要用特定的增值税代码。

4. **欧盟**

欧盟委员会在 2017 年的 12 月 1 日对电子商务和网上业务的新规定商议了最新的税收规定，并且要把这些草案交给欧洲议会进行商讨和决议。在新的税收规定中有这样一个规定：增值税最终是由消费者所在的国家来支付的，真正实现税收分配公平原则。

二、国家层面：主动在国家层面建立新的跨境电子商务国际税收秩序

在国际形势的推动下，跨境税收政策的制定需要面对新的形势，需要国际间共同协调合作与商讨，并对跨境电商进行一定程度上的创新。而我国作为电子商务大国更应该积极为税收制度的建立出谋划策。

第一，当制定国际税收规则时，我国要充分利用这次机会增强我国的话语权，提高我国在国际上的地位。在规则的制定过程中，要积极献言献策，加强我国与其他国家的沟通

交流，共同商讨税收政策，在公平的规则下，有利于国际税收制度的公平分配和正常实施。

第二，在 BEPS 计划的领导下，更要加大对跨国电子商务税务的监督，要与各国的税收征管相互协调发展，共同打击一些违法的避税、偷税行为，加强对这种情况的惩戒力度和监督力度，从根本上维护税收制度。

第三，各国之间相互协调配合对流动税的监督加大力度，保证各国税收优惠互利的公平原则，避免跨国商务出现避税现象。各国之间要加强税务合作，共享税收优惠政策，建立全面的多边税收合作来共同解决问题。

第四，电子发票的实施，可以有效促进国家间的电子发票数据交换。为了使这一政策有效运行，我国在 2015 年 11 月专门发布了一项关于电子发票和普通发票之间的关系，有效证明了普通发票与电子发票一样具有时效性的特点，两者是一样的，没有什么区别。这项通告的公布保障了消费者的利益，为消费者提供了很大的便利，而且国家间的电子发票交换也促进了各国之间的交流合作，对跨国商务税收实施了有效的监管。

三、企业层面：企业主动适应跨境电子商务税收的新形势

在这样严峻的形势下，跨境电子商务企业没必要再从税收制度上打主意，面对全球化的竞争压力，跨境电子商务企业更要努力增加实力，一切用实力说话来应对这突变的形势。

（一）跨境电子商务创新实践的趋势

首先，使用新技术来提高运营能力和效率。要想增强自己的综合实力，就要从创新的角度出发看待问题，利用当今时代最为先进的技术来提高自己本身的效率和能力，用全新的公平政策来寻找最有利的机会进行融合加强，利用互联网时代下的信息技术为自己的产品打造新一代的生命和质量。

其次，有效运行本地化操作。跨国电子商务一般在达到一定的规模之后会采取建立分公司来扩大规模，还会运用储存方式来实行物流运输。这样把跨境的高消费物流运输转变为普通的出口货物运输，不仅降低了消费成本，给消费者带来了便利，还为公司本身带来了极大的交易效率。

再次，更多地关注商业运作。跨境电子商务具有分散和脱媒的优势，这是有效发展跨境商务的时期，要多对商业运作加大关注，要让专业的机构去解决买卖双方的各种问题，不要通过中间商来解决所谓的无中生有的问题，避免双方不必要的经济损失。通过专业机构可以尽量缩短自己在货物出口时遇到的各种通关问题，有利于熟悉自己的业务运营。

最后，打造跨境电子商务国际信用品牌。因为跨境电子商务之前存在的税收监管不力问题让很多国家对其安全性以及信息、税收损失以及产品质量等问题都有所考虑。所以跨境电子商务企业更要通过合法的手段打造出属于自己的品牌。

（二）跨境电子商务税收的应对策略——以京东集团为例

在我国的跨境电子商务企业中，京东商务发展比较优秀，其他企业可以借鉴其成功经验以便取得继续发展。

第一，创新是这个时代的主流，有了创新才能增强综合实力和竞争优势。京东电子商务正是做到了这一点，它适应了时代的发展，不断在云计算、大数据、智能硬件、物流仓储等领域不断进行创新。京东不仅在创新上走在前列，还积极引进一些无人操控的智能机械进行物流传运，一直在物流发展的道路上引领着其他行业不停朝前走。

第二，提高海外业务规模和效益，遵守当地税收法规，促进竞争发展。为了让海外贸易的规模和效益能够得到持续发展，能够提高自身的竞争优势，京东除了对自身的产品质量有较高的要求外，还结合自身的优势对国内外需求进行整合。目前，京东已经打进美国、俄罗斯、澳大利亚等国家，形成了自己的独特的电子商务平台。除此之外，京东在形成具有自身特色的电子商务平台时也带动着国外电子商务的发展，比如俄罗斯就在 2015 年产生了发展电子商务平台网站的意向。

第四节　数字经济下探索电子商务行业税收征管

数字经济是以一整套数字技术在传统经济领域传播、融合形成的新的经济形态。电子商务属于数字技术发展的一种，能够为消费者提供更便利和更实惠的商品服务。随着信息技术的发展，征税并不构成难题，难题在于现有的税制与数字经济发展不相匹配，造成了纳税的“逃”、征税的“追”。以下通过对新常态的数字经济时代的思考，探索电子商务行业税收征管需要解决的三个主要问题：公平问题、效率问题、效益问题，进行有针对性的剖析，通过强化税务登记、加大对信息化技术的利用、税收侧重点转变等方式，为数字经济时代对电子商务行业的税收征管提供新思路。

随着第二代互联网、移动互联、云计算等技术的发展，信息传递和交易成本迅速下降，进一步促进了专业化分工，众筹、众包、平台经济、共享经济等崭新的商业模式正在渗透到经济的各个领域。外卖订餐、网上直播、滴滴打车等通过数字经济衍生的新电商生态不断创造新财富。数字经济发展导致交易成本下降使得生产要素在空间上集聚的必要性大大降低，共享经济的发展也进一步造成了自然人作为消费者和生产者边界的模糊化，对针对个人及企业纳税人的传统税收征管造成了极大挑战。商业模式的创新让税收监管变得更加复杂多变，也让税务稽查变得更难。

一、征管现状

当前电子商务市场上主要存在三种主流电子商务经营模式：一是依托中大型综合电商应用程序的平台，比如淘宝、京东等；二是自建网页的在线销售平台，比如传统企业的电商自销平台；三是植入社交、游戏、视频直播等的平台，通过口碑营销方式推广，实现销售目的。结合社会整体发展现状，具体从三个方面问题来思考当前征管工作存在的问题。

（一）公平问题

电子商务的发展较大地迎合了市场发展需求，从传统的多层分销方式到现在的 B2B 或 B2C，使得社会商品、服务等交易的效率极大提升、成本不断下降。据中国国家统计局电子商务交易平台调查显示，2017 年全国电子商务交易额达 29 万亿元，同比增长 12%。而 2012 年交易额仅为 1.3 万亿元，5 年间年度复合增长率达 168%，之后也呈现出继续大幅增长的态势。在享受创新经济模式带来的便利同时，电商发展也带来了两方面影响：一是实体经济的衰退，二是无法有效地对网络交易征税。如果几千万的电商企业可以光明正大地偷税漏税，就不符合税收的公平原则。所以如何在保证经济模式创新的同时还要保持线上电子商务、线下传统公司的税收公平是个新难题。

（二）效率问题

数字经济发展带来的信息集聚和处理效率的提高也为税收征管的根本性变革提供了技术基础。电商的税收征管有两方面信息不对称：一方面是纳税人与税务机关对税收制度和政策获取的信息及理解不对称。在自行纳税申报时，纳税人由于不能及时了解和理解最新制度，容易造成主观漏税疏忽。另一方面，纳税人和税务机关对具体业务的熟悉度信息不对称。不同的业务需要税务机关通过纳税评估、风险识别和税务稽查、处罚等手段进行监督，难以赶上新经济的发展速度。

（三）效益问题

新经济、新技术快速发展的同时也带来了很多的征管摩擦问题。当前政府行政体系各个版块之间的信息系统并不兼容，税务机构与其他政府机关、事业单位难以实现有效的信息共享。在缺乏有力证据的情况下，税务机构难以进行税务稽查，参与电商中的企业和个人逃税风险很低。如果对电商的税收征管采取一刀切方式又会对创新经济造成消极影响，盲目去征管反而会出现新的问题。那么如何寻求效益之间的平衡点也是当前迫切需要解决的问题。

二、解决建议

结合当前电子商务征管工作中发现的问题，充分利用数字技术，为电子商务的税收征管工作提供新思路，解决征管难题。

（一）规范电商参与者税务登记

数字经济时代下，参与互联网的电子商务企业需要有一个和传统企业公平竞争的税收环境，需要使税收监管先行。这就要求电商参与者进行税务登记，此举并不会对电商造成负面影响。对于工商、税务部门而言，借助于信息化系统，还更方便管理。在税务登记注册时，税务局直接与电商平台公司进行系统对接，为电商参与者注册唯一的电子商务税务登记编码。税务局在信息化系统后台对开展网上销售的个体经营者的注册信息进行数字比对，让税务机关在涉税监管上拥有主动权，在初期可以对主动进行规范税务登记行为的电商参与者予以有条件的奖励，从而提供一个公平的税收环境。

（二）利用信息化技术防控涉税风险

在数字经济高速发展的情况下，作为税收监管部门可以多采取数字经济的创新工具。在商品交易方面，重点针对零散纳税人较多、监管难度较大、网络市场入驻规范度较低的企业深度走访，采掘数字信息，通过大数据应用系统进行比对，逐步搭建数字模型，探索技术创新手段，科学地提高税收征管效率。在数字化货币方面，逐步、分阶段地要求支付宝、微信支付、京东钱包等支付工具对接税务系统，前期必然还是以人工核查提取数据为主，后期可以通过改进运行算法，实现大数据的深度挖掘，可能会比百十万的“税务大军”更加有效。

（三）转变税收侧重点

对电子商务征税，应该促进从间接税为主向直接税为主的转型。电子商务发展是必然趋势，在税改初期可以对电子商务实行轻税政策，促进新经济健康发展，保持经济的活力与效益，这也是实现国家经济规模总量上升与税收增加的有效举措。随着各政府部门信息系统的整合与信息技术的发展，数字经济时代的各项技术将会有效推进税收征管工作的优化发展，提高社会税收公平，强化当前涉税管控。

第五节　电子商务的经济学特征及对经济结构的影响

随着市场经济的发展，电子商务已经逐渐深入到了社会经济生活的各个领域。电子商务中的许多产品是数字产品，生产数字产品的企业最便于开展电子商务。以下将阐述数字产品的概念及特征，电子商务企业应遵循的规律，电子商务新的经济学特征及这些特征对经济结构的影响。

在电子商务中，许多产品是数字产品，包括计算机操作系统、办公及生产性软件、电子图书、音像制品及信息、服务等。这些产品区别于传统商品与服务，生产这些产品的企业所遵循的规律也不同于传统企业，呈现出许多电子商务新的经济学特征。这些特征也必将对经济结构产生越来越大的影响。数字产品就是信息内容基于数字格式的交换物。数字产品既可通过载体以物理方式运送，也可通过互联网以电子方式运送。

一、生产数字产品的电子商务企业应遵循的规律

在要素投入方面遵循边际成本递减规律。一般工业企业的成本曲线呈 U 字型，产量超过一个适度规模以后，随着产量的继续增加，平均成本和边际成本开始上升。而数字产品在理论上可允许无限多的人同时共享，可以零成本复制，平均固定成本随产品数量的增多呈下降趋势，平均可变成本与边际成本相同，趋于零。

价值的不确定性在于企业生产数字产品的原始成本是固定的，但由于其边际成本趋向于零，销售数量的不确定性及对不同消费者效用大小的不确定性决定了其价格的不确定性。边际效用递增性是指信息与财富在边际效用上恰好具有相反的性质，即一个人拥有的信息越多，每增加一条信息对这个人的效用就越大。

二、电子商务新的经济学特征

由电子商务而派生出的新经济特征与以往的经济形态大相径庭，有其自身的运行规律。主要体现为如下经济学规律：摩尔定律、梅特卡夫法则、马太效应、边际报酬递增规律等。

摩尔定律：摩尔定律是网络信息技术功能价格比的变化规律，它揭示了信息技术产业快速增长和持续变革的根源。按此定律，计算机硅芯片的功能每 18 个月翻一番，而价格以减半数下降。摩尔定律反映了信息技术产品的性能价格比，揭示了信息技术产业高速增长的动力源泉。该定律从 20 世纪 60 年代起至今依然在发挥作用，并在今后也会持续发挥作用。计算机性能的不断改进与价格的快速下降导致了人类计算成本的显著下降。

梅特卡夫法则：根据梅特卡夫法则，网络价值等于网络结点数的平方或网络价值随着网络用户数量的增加而呈指数增加。信息网络的扩张效应受梅特卡夫法则支配，或者说梅特卡夫法则反映了信息网络扩张效应。互联网用户大约每半年翻一番，互联网的通信量大约每 100 天翻一番，这种爆炸性增长必然会带来网络效益的迅速增长。

马太效应：新经济是以信息流组织与支配商品（包括货物和服务）流、资金流、技术流、人力流的经济。在信息活动中，由于人们的心理反应和行为惯性，在一定的条件下，优势或劣势一旦出现，就不断加剧而自行强化，出现滚动的积累效果，即所谓的马太效应。

边际报酬递增规律：在电子商务时代，信息资源成了新经济中的主要资源，这种资源是可再生和重复使用的，具有无排他性，它的成本不随使用量的增加而成比例增加。这从根本上改变了传统工业经济中边际报酬递减规律存在的条件，出现了要素边际报酬递增规律。在社会经济的投入产出系统中，在其他条件不变的情况下，随着要素投入的持续增加，其边际报酬（即边际产出效益）呈递增的趋势。

三、电子商务新特征对经济结构的影响

大多数经济学家都认为市场是一种对稀缺资源进行分配的有效机制。然而，今天有大量的商务活动是发生在大的等级制企业组织的内部。当交易成本很高时，商人就会创立企业，这种企业用一套等级制的监督和控制系统来代替在市场上的交易协商活动。尽管创立和维护一个监督和控制系统的成本可能会很高，但在很多情况下这些成本都低于交易成本。

经济学家奥立弗·威廉姆森把哈里·科斯的理论推广了一步。他认为那些生产工艺复杂、采用流水线作业的行业倾向于有更多等级制的企业，这样更容易实现垂直一体化管理。企业界的生产和管理创新大大提高了等级制监督活动的效率。流水线和其他大批量生产技术可以把复杂的工作分解成小的、易于监督的步骤。计算机的出现极大地提高了上级管理者监督和控制其下属具体活动的能力。高层经理使用的一些直接绩效测量技术甚至比一线监工的监督更加有效。

从工业革命到现在，随着监督手段的日益普及，企业垂直一体化的规模和层次都在不断增加。然而在一些大型企业里，监督系统却不能适应企业规模的扩大。由于企业的整体经济可行性取决于它是否能有效地监督各级企业业务活动的能力，那么问题就出现了。这些企业只好采用分权管理，让不同的业务单位像独立的企业那样运作，它们彼此之间按市场模式协商交易，而不像同一企业不同部门之间那样进行交易。这些分权化的方法只是简单地回归到高效的市场机制，这种机制在企业垂直化之前是行之有效的。

企业和个人采用电子商务可以改善信息的流动、协调不同活动、降低不确定性，从而降低交易成本。通过降低收集潜在买主和卖主信息的成本，增加潜在市场参与者数量，电子商务可以转移很多企业对垂直一体化的注意力。企业在销售商品和处理订单时，用电子商务可以降低销售询价、提供报价和确定存货等活动的处理成本。正如电子商务可以增加

卖主的销售机会一样，它也给买主提供了更多的选择机会。企业在采购时利用电子商务可以找到新的供应商和贸易伙伴，可以高效地传递报价和交易条款，提高了企业间信息交换的速度和准确性，降低了交易双方的成本。虽然现在还不清楚电子商务的广泛采用是否会使等级制组织回归到以前那种基于市场的结构，但有一点是肯定的，那就是电子商务的广泛采用会对经济结构产生重大影响。

（一）在市场模式方面

很多企业和战略业务单位都是在介于市场型和等级制两种经济结构之间的中间模式下运行的，这种中间模式就是网络型。在这种网络经济结构下，不同的企业根据共同的目标建立长期的稳定关系，以协调它们的战略、资源和技术组合。这种网络型的组织特别适合于信息密集的高技术行业。电子商务可以使这种主要依赖信息共享的网络更容易建设和维护。一些研究者认为，商务活动的这种网络组织形式在未来将占据主导地位。

（二）在市场竞争方面

一家企业在网上做的广告可以把企业的促销信息传递到世界各地的潜在顾客手中。企业也可以通过电子商务到达在地理上极为分散、而需求非常狭小的目标市场。互联网在创造虚拟社区方面特别有效，这些虚拟社区可以成为企业理想的目标市场。虚拟社区是指具有共同兴趣的人的集合，但这种集合不是发生在现实世界，而是出现在互联网上。电子商务企业实时生产，零库存销售及差别规模经济的运营模式，打破了大型企业的垄断地位。虚拟企业的出现和贸易环境的改变也削弱了中小企业的进入壁垒，从而增强了市场的竞争机制。在梅特卡夫法则的作用下，较好地解决了传统市场上信息不对称的问题，商品价格不断向成本降低，在达到价格底线后便不再下降。它在这一水平的停留最终导致价格失去导向作用，市场中更多依赖的是非价格竞争。

（三）在资源配置方面

电子商务这种新的运行模式最大限度地提高了市场效率，资源配置也将趋向最优状态。电子商务改变了传统经济运行方式中各环节的比重。经济运行的中心环节呈现出逐渐从生产和流通向设计和消费转移的趋势。传统商务体制下形成的资源配置结构，必将在电子商务状态下发生重大转变，朝着信息化和科学化的方向转变。

（四）在产业结构方面

第三产业将会获得更大的发展，比重将大幅度提高，特别是服务性行业在国民经济中的地位将逐渐增加。同时，行业结构也发生了变化，电子行业以及与电子产品制造业有关的行业将会取得高速的增长，其他行业的发展则相对缓慢。

（五）在国际经济结构方面

影响将在多个层面上产生：一是促进国际经济的一体化，各国国内市场与国际市场的连接度会进一步提高；二是各国国民经济结构将在国际经济结构的整体构架下按资源合理配置的原则进行分布，由国际经济结构决定各国的国内经济结构。

参考文献

[1] 楮福灵 . 管理通论 [M]. 北京：经济科学出版社，2004.

[2] 姜红波 . 电子商务概论 [M]. 北京：清华大学出版社，2009.

[3] 王学东，游士兵 . 企业电子商务管理 [M]. 北京：高等教育出版社，2001.

[4] 吴清烈 . 电子商务管理 [M]. 北京：机械工业出版社，2009.

[5] 李海刚 . 电子商务管理 [M]. 北京：上海交通大学出版社，2008.

[6] 特伯恩，等 . 电子商务：管理新视角 [M]. 王理平，等，译 . 北京：电子工业出版社，2003.

[7] 特班，等 . 电子商务：管理视角 [M].5 版 . 严建援，等，译 . 北京：机械工业出版社，2010.

[8] 周三多 . 管理学 [M]. 北京：高等教育出版社，2005.

[9] 娄策群 . 信息管理学基础 [M]. 北京：科学出版社，2005.

[10] 赵守香，姜国强，王雯 . 企业信息化 [M]. 北京：清华大学出版社，2008.

[11] 黄敏学 . 企业电子商务 [M]. 武汉：武汉大学出版社，2002.

[12] 章学拯 . 电子商务 [M]. 上海：上海人民出版社，2001.

[13] 甘早斌 . 电子商务概论 [M]. 武汉：华中科技大学出版社，2001.

[14] 冯科，何理 . 互联网消费金融的创新 [J]. 中国金融，2016（11）：32-34.

[15] 王晋之，胡滨 . 互联网消费信贷风险分析与应对 [J]. 金融与经济，2017（3）：41-45.

[16]Tufano.Consumer Finance[J]Annual Review of Financial Economics，2009，1（1）：227-247.

[17] 王长英 . 我国农村电子商务的现状及发展策略 [J]. 中国市场，2017（15）.

[18] 伍政 . 农村电子商务的发展思路与优化策略 [J]. 经营管理者，2016（16）.

[19] 陈哲谦 . 农村电子商务发展面临的问题与应对策略 [J]. 科技创新导报，2016，13(18).

[20] 罗达强 . 发展农村电子商务策略刍议 [J]. 现代经济信息，2016（19）.